행복을 씁시다!
Do HAPPITS!

행복을 씁시다!
Do HAPPITS!

ⓒ 오원식, 2025

초판 1쇄 발행 2025년 12월 10일

지은이	오원식
펴낸이	이기봉
편집	좋은땅 편집팀
펴낸곳	도서출판 좋은땅
주소	서울특별시 마포구 양화로12길 26 지월드빌딩 (서교동 395-7)
전화	02)374-8616~7
팩스	02)374-8614
이메일	gworldbook@naver.com
홈페이지	www.g-world.co.kr

ISBN 979-11-388-5037-7 (03810)

- 가격은 뒤표지에 있습니다.
- 이 책은 저작권법에 의하여 보호를 받는 저작물이므로 무단 전재와 복제를 금합니다.
- 파본은 구입하신 서점에서 교환해 드립니다.

행복을 씁시다!
Do HAPPITS!

오원식 지음

좋은땅

이 책은
행복할 때만
노력해서
쓴 책입니다.

들어가는 글

 "열심히 공부해라. 그래야 성공한다. 그리고 성공해야 행복할 수 있다."

 대한민국에서 태어났다면 누구나 한 번쯤은 들어 봤을 말이다. 어른들은 늘 말했다. "공부 열심히 해라." 어른이 일을 열심히 해야 하듯 학생도 공부에 최선을 다해야 한다고. 나 역시 그 말에 어느 정도는 동의한다.
 그런데 정말, 열심히 공부해서 성공하면 행복해질 수 있을까? 이 말이 사실이라면 요즘 아이들은 반드시 성공하고 행복해야 할 것이다. 4세 대입반, 7세 의대반에 들어가는 아이들부터 대입을 앞둔 입시생까지 이른 아침부터 밤늦게까지 하루 대부분을 공부에 쏟고 있지 않은가?
 그러나 현실은 다르다. 뉴스에 전교 상위권 학생의 극단적 선택 소식은 이제 낯설지 않다. 심지어 대한민국 최고 명문대 학생이 학업 스트레스로 세상을 등졌다는 기사도 드물지 않다. 그들이 공부를 게을리했거나 성공하지 못했기 때문일까? 아니다. 그들은 열심히 공부했고 결국 성공까지 해냈다. 그런데 왜, 그 끝에서 불행을 만나야 했을까?

어른들의 가르침대로라면 나도 열심히 공부했고 좋은 직업과 직장을 가졌으니 나름 성공했다. 하지만 성공이 행복을 가져다주지는 않았다. 성공이 행복에 닿기에는 부족하다는 생각에 더 큰 성공을 향해 끊임없이 노력했다. 그러나 기대한 행복은 오지 않았다. 대신 남은 것은 실패와 좌절, 그리고 중독의 흔적뿐이었다. 30년 가까이 믿었던 어른들 말씀에 의구심이 생겼다. '혹시 나는 행복을 잘 모르는 게 아닐까?' 이 물음을 시작으로 오랫동안 행복을 공부하고 깊이 고민하며 마침내 하나의 결론에 닿았다.

'노력해서 성공한다고 행복해지는 것이 아니다.'

어릴 때 나는 이미 행복했다. 열심히 공부하고 좋은 성적을 받았기 때문에 행복한 것이 아니었다. 사랑으로 키워 주시는 부모님, 단점도 너그러이 눈감아 주는 좋은 친구들, 즐거운 학교

생활, 좋아하는 취미 등이 나를 행복하게 했다. 내가 열심히 공부한 이유는 행복했기 때문이었다. 굳이 성공하지 않아도 행복할 자신이 있었다.

그래서 생각을 바꿨다. 행복할 시간을 미루고, 참고 노력해서 성공하면 행복이 찾아올 것이란 잘못된 공식을 버렸다. 그리고 나의 공식을 찾았다.

'행복하려고 노력하는 것이 아니라,
행복하니까 노력하는 것이다.'

나는 행복하니까 노력하는 사람이다. 노력해야 할 일이 생기면 반드시 먼저 행복을 실천한다. 그렇게 행복 에너지를 가득 채운 뒤에야 노력이라는 엔진을 돌리기 시작한다. 행복 에너지로 돌아가는 엔진은 쉽게 멈추지 않는다. 에너지가 떨어지면 다시 행복을 써서 에너지를 만들면 될 뿐이다. 반대로 연료가 없는 엔진은 제대로 돌아가지 않는다. 그런데도 무리하게 돌리면 결국 고장이 나고 만다. 그러니 행복할 때 노력하는 것이 맞다.

이 책은 행복할 때만 노력해서 쓴 책이다. 책을 쓰다 힘이 들거나 불행한 일이 생기면 쓰기를 멈췄다. 그럴 때마다 행복실천습관을 써서 행복 에너지를 충전한 뒤 다시 쓰기 시작했다. 이 책은 행복을 실천하는 사람의 책이자 행복을 실천하기 위한 사람의 책이다.

이 책은 행복을 실천하는 실제 사례들을 모아 세 개의 챕터와 부록으로 구성되었다.

1장. 원하라 W.A.N.T.
노력이란 이름의 엔진, 그 안에는 '원함'이 있다. 내가 원하는 삶, 원하는 일을 찾고 실천하며, 그 과정에서 무엇을 깨닫고 어떻게 고민했는지 함께 나눈다.

2장. 행복이 쉬워지는 일곱 가지 습관 HAPPITS
지난 30년 동안 쌓고, 덜어내고, 다시 정리해 온 나의 행복실천 기록이다. 이 습관들은 에너지를 쉽게 충전하게 돕고, 노력이라는 엔진을 힘차게 돌릴 연료가 된다.

3장. 행복을 씁시다! Do HAPPITS!
행복실천습관을 실제 삶에 적용한 나의 이야기들이다. 그중 마음에 드는 습관들을 직접 쓰고 바꿔 보며 자신만의 행복실천습관을 만들었으면 좋겠다.

〈부록〉 아침부터 행복해지는 습관 D.O.S.E.-Up Routine
행복호르몬을 내 삶에 맞게 활용하는 방법을 소개한다.* 약사이자 심리상담사로서의 지식을 바탕으로 직접 설계한 가장 실용적이며 지금 당장 시작할 수 있는 독창적인 행복실천습관이다.

행복은 목표가 아니다. 도달해야 할 지점이 아니라 삶을 움직이게 하는 에너지의 원천이자 생존의 도구다. 행복하기에 살고 싶도록 행복을 써서 행복 에너지를 채워야 한다. 더불어 행복을 미루면 안 된다. '행복의 사용 기한은 바로 지금'이기 때문이다.

이 책을 쓰는 동안은 물론, 살아오는 내내 행복을 쓸 수 있었다. 부모님의 자식으로 태어난 일, 지금도 아침에 눈을 뜨면 옆에 있어 고마운 천사님(아내의 애칭이다.)과의 결혼, 부족한 아빠에게 과분한 아이들, 이들만으로도 이미 행복하다. 게다가 '행복한 출근, 즐거운 퇴근'을 함께해 주는 직장동료들이 있기에 약

---

* 이 책에서 '행복호르몬'은 도파민·세로토닌·옥시토신·엔도르핀 등, 기분·보상에 관여하는 신경전달·조절 물질과 호르몬을 아우르는 넓은 표현이다.

국은 천국이 되었다. 또한, 부족한 날 믿어 주시고 늘 따뜻한 말씀으로 이끌어 주신 세상의 모든 스승님 덕에 내 삶엔 행복이 가득하다. 행복을 쓸 수 있게 도와주신 모든 분께 감사드린다. 마지막으로 이 책을 펼쳐 주신 여러분께도 진심으로 감사드린다.

행복실천습관을 한 문장으로 표현해 달라는 요청을 받고, 고심한 끝에 나만의 문장을 완성했다. 이 문장이 마음에 닿는다면 이 책은 당신을 행복실천의 길로 이끄는 작은 나침반이 되어 줄 것이라 자신한다.

> "짧게 불행하고, 자주 행복하고,
> 조금 더 성장하는 하루 되세요."

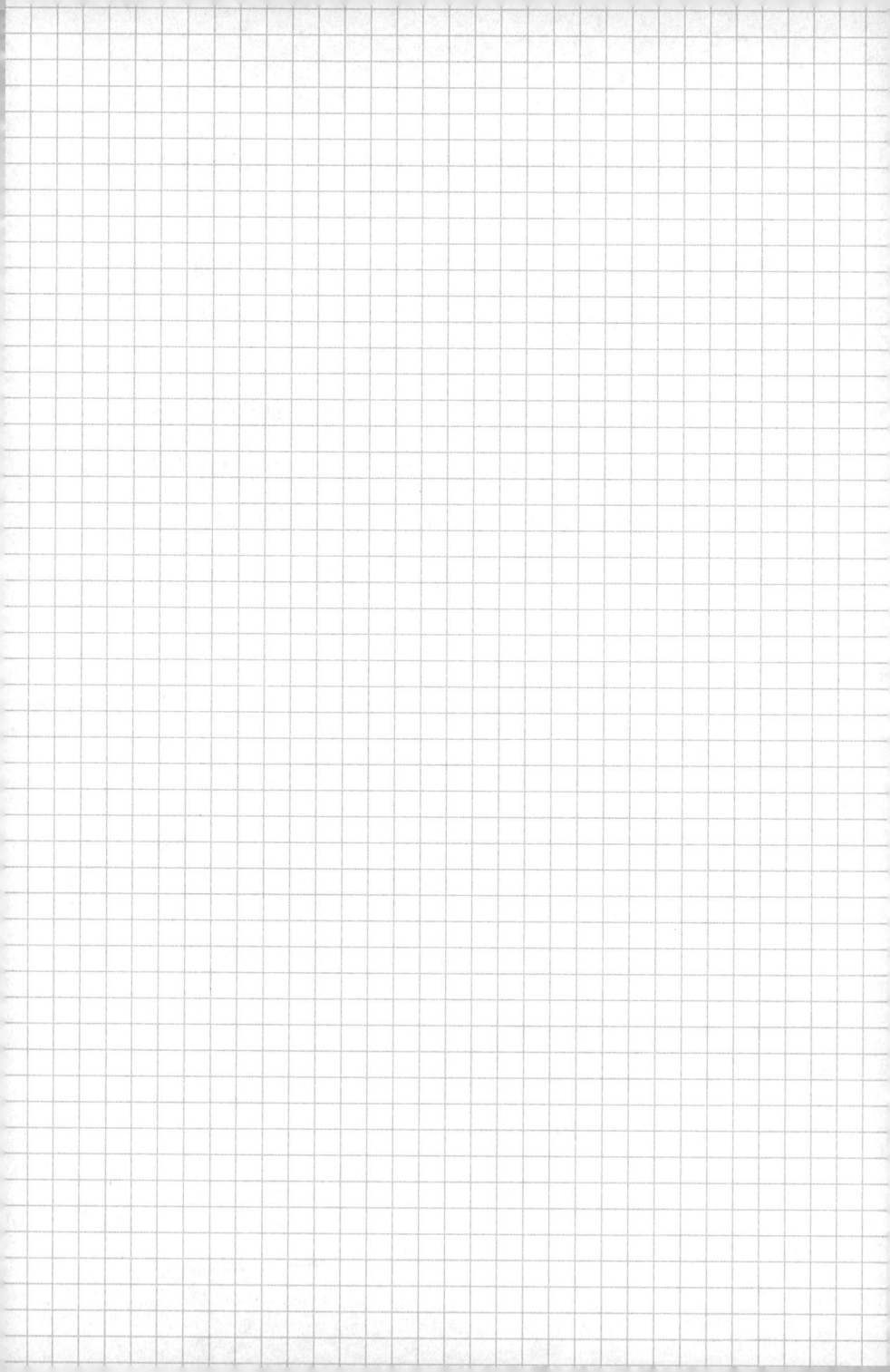

짧게

불행하고

자주

행복하세요.

차 례

들어가는 글　　6

I 원하라 W.A.N.T.

살기 위해 일하는가, 일하기 위해 사는가?	21
남에게 바랄 것인가, 나에게 원할 것인가?	27
원하지 않는 사람은 원하지 않는 삶을 산다	32
찾아라(Wade), 원하는 것을	41
행하라(Act), 원하는 것을	51
깨달아라(kNow), 원하는 것을	55
고민하라(Think), 원하는 것을	64
원하는 바를 이루는 공식 W.A.N.T.	74
Be happy to do W.A.N.T.	81

II 행복이 쉬워지는 일곱 가지 습관 HAPPITS

왜 행복하고 싶을까?	89
나를 살게 하는 일곱 가지 습관	92
첫 번째 습관, 내 마음에 솔직하기(Heart)	96
두 번째 습관, 가족과 함께하기(Attachment)	104
세 번째 습관, 매사에 감사하기(aPpreciation)	111
네 번째 습관, 위로하고 칭찬하기(Praise and comfort)	117
다섯 번째 습관, 나에게 몰입하기(Immersion)	123
여섯 번째 습관, 남에게 공감하기(Togetherness)	127
일곱 번째 습관, 다 함께 건강하기(Satisfaction)	133
진정으로 행복한 사람들의 습관, 겸손하기	140

III 행복을 씁시다! Do HAPPITS!

감정이 건강하게 자라야 비로소 어른이 된다   147
누구나 불확실한 시한부 인생을 살고 있다   151
행복세와 행복돋보기   157
보급형 행복론   162
행복한 감정은 평생을 살아갈 힘이 된다   167
진짜 선행(先幸)학습   175
나는 남보다 빠르게 성공할 수 있을까?   181
세상에서 가장 좋은 중독   187
손해 볼수록 행복해지는 마법   191
나를 사랑하지 않으면 남을 사랑할 수 없다   198
노중(老中)을 준비하라   202
행복만 쓰셔도 됩니다   211
행복은 누구에게나 주어진 선물이다   217

이어가는 글   223

부록 아침부터 행복해지는 습관 D.O.S.E.-Up Routine

도즈업 루틴 D.O.S.E.-Up Routine	229
첫 번째 행복호르몬 도파민	237
두 번째 행복호르몬 옥시토신	243
세 번째 행복호르몬 세로토닌	249
네 번째 행복호르몬 엔도르핀	255
오원식의 도즈업 루틴	262
행복호르몬 이상의 감동호르몬 다이돌핀	274

나가는 글	278

원하는 사람은
원하는 삶을 살고,
원하지 않는 사람은
원하지 않는 삶을 산다.

I
......

원하라
W.A.N.T.

살기 위해 일하는가, 일하기 위해 사는가?
남에게 바랄 것인가, 나에게 원할 것인가?
원하지 않는 사람은 원하지 않는 삶을 산다
찾아라(**W**ade), 원하는 것을
행하라(**A**ct), 원하는 것을
깨달아라(k**N**ow), 원하는 것을
고민하라(**T**hink), 원하는 것을
원하는 바를 이루는 공식 W. A. N. T.
Be happy to do W. A. N. T.

살기 위해 일하는가, 일하기 위해 사는가?

아홉 살 때 우리 동네에는 제주도 유일의 아리랑 백화점이 있었고 바로 옆에는 아리랑 전자오락실이 있었다. 그곳은 한 판에 50원이면 할 수 있는 오락기들로 가득했다. 그중 갤러그와 보글보글은 오락실 입문의 필수 코스이자 최고 인기작이었다. 당시 내게 가장 멋진 사람은 국군 아저씨도 경찰 아저씨도 아닌 현란한 손놀림으로 오락기 속 적들을 쓰러뜨리던 동네 형이었다. 나도 그런 사람이 되고 싶어 하루가 멀다 하고 오락실을 들락거렸다. 어깨 너머로 구경만 해도, 심장이 뛰고 손끝이 근질거렸다.

그러던 어느 날, 용돈 100원이 생겼다. 두 번의 기회를 어떻게 쓸지 설렘에 빠졌다. 일단 좋아하는 오락은 세 종류였다. 아쉽지만 하나를 뺐다. 혹시나 놓친 게 있을까 싶어, 다른 사람이 오락하는 모습을 유심히 살폈다. 준비가 충분하다는 생각이 들

무렵에 드디어 내 차례가 왔다. 50원의 동전이 들어가면서 올라가는 '1'이라는 숫자는 내 심장을 귀로 옮겨 버렸다. 심호흡하고 온 신경을 두 손에 집중했다. 1분이나 지났을까? 첫 시도가 허망하게 끝이 났다. 허탈했다. 그렇다고 다시 도전하기엔 너무나 두려웠다. 결국 마지막 기회를 손에 꼭 쥔 채 퇴각 명령을 받은 패잔병처럼 도망치듯 돌아왔다. '왜 그렇게 허망하게 끝났을까?' 그날 밤도, 그다음 날도 같은 생각이었다. 다시는 실패하고 싶지 않아 스케치북에 그려진 조종간을 붙잡고 무수히 연습했다.

시간이 흐른 뒤, 대전 격투 게임의 시초격인 스트리트파이터가 유행했을 무렵 나는 이미 우리 동네를 넘어 다른 동네 고수들과 겨뤄도 이길 만큼 성장했다. 승부욕에 불타는 상대들의 동전을 빠르게 털어 오락실 사장님에게 총애를 받는 단골이 되었다.

"우리는 살기 위해 일할까요? 일하기 위해 살까요?"
《직장인을 위한 응원》이라는 강의에서 내놓은 질문이다. 한 분이 당연하다는 듯 답했다.
"살기 위해 일하지요."
나는 다시 물었다.
"그런데 왜 일하기 위해 사는 것처럼 힘이 들까요?"

순간 강의실에 정적이 흘렀다. '그러게, 왜 이러고 사는 걸까?' 하는 표정과 함께.

그날 사람들에게 전한 내용은 이렇다.

"우리는 살기 위해 일할 수도 있고 일하기 위해 살 수도 있습니다. 중요한 것은 '어떤 삶을 살고 어떻게 일하는가?'입니다. 저 또한 깊은 고민 없이 잘 살기 위해 막연히 열심히만 일하던 시절이 있었습니다. 그때는 목표도 불분명했고 이 길의 끝이 어디일지 가늠할 수도 없었습니다. 비교에 이끌려 남들보다 나은 삶을 꿈꾸며 남보다 빠르게 목표에 도달하고 싶어 끝없이 달리기만 했습니다. 하지만 시간이 지날수록 노력은 점점 의미를 잃고, 때로는 삶이 위태롭게 흔들릴 때도 있었습니다. 그래서 방법을 바꿨습니다. 깊이 고민하며 구체적으로 찾았습니다. 마침내 남과의 비교에서 벗어나 내가 원하는 삶을 살기 위해 행복하게 일하거나 원하는 일을 위해 행복하게 살게 되었고 마침내 삶은 온전히 내 것이 되었습니다."

해야 할 일이 너무 많아 정작 원하는 일을 하기가 어렵다고 여기기 쉽다. 하지만 해야 할 일은 내가 원하는 삶을 이루기 위해 선택한 길이다. 그 사실을 잊을 때 해야 할 일의 무게에 짓눌린다는 착각에 빠진다. 나 역시 그러한 시간을 거쳤다. 그 시간을 지나며 고민한 끝에 원하는 삶을 살거나 원하는 일을 하기 위한 도구로 W.A.N.T.를 만들었다. W.A.N.T.는 '원하다'라는 뜻이며, 동시에 4단계의 첫 글자를 딴 조합이다. 각 단계는 다음과 같다.

첫째, 원하는 것이 무엇인지 **찾아야(Wade)** 한다. 원하는 전자오락을 찾듯 원하는 삶을 찾아야 한다. 가장 쉬워 보이지만 '내 마음에 솔직할 용기' 없이는 불가능한 일이 되기도 한다.

둘째, **행해야(Act)** 한다. 원하는 일을 이루는 사람과 못 이루는 사람의 가장 큰 차이는 실행이다. 행하지 않는다면 원하는 일이 이뤄질 가능성은 0%다.

셋째, **깨달아야(kNow)** 한다. W.A.N.T.에서 앞의 두 단계를 거쳐 실행한 결과를 바탕으로 얻는 깨달음의 비중은 절대적으로 크다. 실행을 아무리 많이 해도 아무런 깨달음이 없다면 더 이상의 성장은 없다.

넷째, 원하는 일을 원하는 만큼 하려면 그 크기만큼 **고민해야(Think)** 한다. 과정에서 결과까지 내가 깨달은 것을 고민한다. 이러한 단계를 반복하면서 마침내 목표한 경지에 오른다. 실패를 개선하거나 성공을 더욱 예리하게 가다듬는 작업이 고민이다.

　원하는 삶이나 일을 찾고, 행하고, 깨닫고, 고민하기를 반복하면서 결국 원하는 일을 원하는 만큼 할 수 있는 사람이 된다. 우리 인생은 전자오락실의 게임과는 비교도 안 될 만큼 중요하지만, 인생을 사는 마음가짐과 게임을 하는 마음의 색은 별반 다르지 않다. 좋아하는 게임을 찾아 잘할 때까지 실행하고, 깨닫고, 고민하는 것이 인생과 많이 닮아 있기 때문이다.
　게임은 수많은 시행착오를 다시 시작하기 버튼 하나로 만회할 수 있다. 하지만 인생은 잘못된 선택으로 꼬인 시간을 다시 시작할 수 없다. 그렇기에 더 어렵고 부담도 크다. 그럼에도 인생은 실패를 수용하고 극복하는 과정에서 더 깊은 깨달음을 얻는 재미가 있고, 원하는 삶에 가까워지는 힘을 얻게 되는 매력이 있기에 게임과는 비교할 수 없을 정도로 즐겁다.
　나 역시 무수한 실패를 반복하며 삶을 포기할 뻔한 순간도 겪었다. 하지만 W.A.N.T.라는 공식을 쓴 뒤로 인생 자체를 즐거운 게임처럼 즐기게 되었다. 물론 원한다고 모든 일에서 영화 주인공과 같은 해피엔딩을 맞이할 수 있는 것은 아니다. 다만 원하는 일이 있는 순간을 놓치지 않고 원하는 대로 실천하면서 원하는 삶에 가까워지고자 할 뿐이다. 원하는 삶이 행복한 삶인 덕에 행복으로 만든 에너지를 써서 원하는 일을 찾고, 행하고, 깨닫고, 고민하기를 무한히 반복한다.

"내가 무엇을 반드시 원해야 할까?" 의문이 들 수도 있다. 그러나 삶은 원하는 것이 있을 때, 원하는 방향과 크기만큼 이뤄진다. 반대로 아무것도 원하지 않을 때는 원하지 않는 일들이 내 삶이 되기도 한다. 인생은 코딩과 매우 닮았다. 내 삶에 어떤 명령어를 입력하는가에 따라 내 삶이 정해지는데 올바른 코딩이 이뤄지지 않을 때는 내 바람과 전혀 다른 출력값이 나오기도 한다. 그래서 원하는 삶을 제대로 출력하기 위한 '코드'를 항상 고민해야 한다.

인생 코딩의 다른 이름은 '좌우명'이다.

남에게 바랄 것인가, 나에게 원할 것인가?

복권 1등 당첨을 바라던 사람 앞에 신이 나타나 말했다.
"복권을 사지도 않고서 1등이 되기를 바라니, 너무하지 않느냐?"

누구나 부자가 되고 싶은 마음에 복권 당첨을 꿈꾼다. 여기서 절대 놓치지 말아야 할 것이 있다. 바람과 원함은 그 방향이 매우 다르다는 점이다. 부자가 되기를 바라기만 하는 사람은 이를 실천하지 않는다. 오히려 부자를 향한 시기와 질투로 시간만 허비한다. 이와 반대로 원하는 사람은 우선 실천한다. 부자가 되고 싶으니 일단 복권부터 사기 시작한다. 그리고 복권에 당첨될 확률이 매우 낮음을 경험한다. 이를 반복하다 운 좋게 당첨되는 사람이 생기기도 하지만 대부분은 그렇지 않다는 사실을 깨닫게 된다.

나 역시 결혼 후, 부자가 되고 싶어 8년간 매주 만 원의 복권을 샀다. 기억나는 결과는 단 두 번의 4등 당첨뿐이다. 이제는 더 이상 복권을 사지 않는다. 복권을 사지 않는 대신 부자가 되는 법을 좇다가 마침내 '부자로 사는 법'을 깨닫고 그 삶을 실천하고 있다.

살다 보면 마음 깊이 남는 한마디가 인생의 방향을 바꿔 놓기도 한다. 지난 봄, 좀처럼 마주하기 힘든 부자들을 대상으로 한 강의는 내 삶의 방향을 바꿨다.

즐겁게 강의를 마치고, 운 좋게 저녁 식사를 함께할 기회를 얻었다. 자타가 공인하는 붙임성으로 술도 한 잔씩 따라드리며 여기저기 인사를 드렸다. 부자들의 생각이 궁금해 인사를 드리면서 물었다.

"부자가 되니 제일 좋은 것은 무엇입니까?"

부자는 이렇게 대답했다.

"하고 싶은 일을 할 수 있는 자유가 생겨서 좋아요."

돌아다니면서 같은 질문을 했다. 대답은 한결같았다. 한 가지 더 물었다.

"부자가 되니 제일 갖고 싶은 것은 무엇입니까?"

마찬가지로 열에 아홉이 같은 답이었다.

"시간이 많았으면 좋겠어요."

부자들의 이야기를 듣고 며칠을 고민한 끝에 결론 내렸다.

'내가 되고 싶은 부자는 원하는 일을 할 수 있는 시간이 많은 사람이다.'

용기를 내서 실행에 옮겼다. 시간으로 돈을 사는 일을 멈추고 내가 원하는 일을 하기 위해 쓰는 시간을 늘렸다. 나는 위에서 언급한 재산이 엄청나게 많은 부자가 아니다. 하지만 그들이 가장 원하는 것을 잘 쓰고 있다. 원하는 일을 찾고, 그 일을 하기 위해 원하는 만큼 시간을 쓴다. 내가 원한 것은 부자가 가진 돈이 아니라 부자로서 사는 삶 그 자체였다.

돈보다 시간을 선택한 용기 덕에 좋아하는 책을 읽을 시간이 충분해져서 좋았다. 책이 좋아 읽는 데서 멈추지 않고, 내 책을 쓰고 싶었다. 내가 책을 쓸 수 있었던 이유도 시간적인 여유 때문이었다.

또한, 내가 가장 가치 있게 여기는 시간을 다른 사람에게 선물할 수 있을 때면, 내 선택이 옳았음을 느끼곤 한다. 가족과 친구는 물론 내가 돕고자 하는 이들과 시간을 나누는 기쁨은 행복을 함께하는 시간이 된다. 나는 비로소 '행복이 가장 쉬워지는 방법은 내 행복을 남과 나누는 것'이라는 말의 의미를 이해하게 되었다.

가끔은 시간이 넉넉지 않을 때도 있다. 그럴 때는 내가 시간을 들여 읽은 책 가운데 그 사람에게 어울릴만한 책을 골라 선물한다. 이따금 그 사람과 만났을 때, 같은 책으로 대화를 나눌 수 있는 시간도 행복이다. 남에게 선물하는 책에는 나의 시간과 생각, 그리고 마음이 함께 담겨 있다.

긍정심리학에서는 행복을 '주관적 안녕감'이라 일컫는다. 나는 주관적으로 안녕하다. 행복하게 살 수 있는 시간과 남을 위한 마음을 선물하는 나는 행복 부자다.

부자를 만났을 때 그들의 돈만 바라봤다면 결코 내가 원하는 부자가 되지 못했을 것이다. 한때는 남보다 더 나은 삶을 살겠다고 돈을 좇으며 열심히 노력해도 원하는 모습과 멀어지는 자신을 질책하느라 괴로웠다. 하지만 남이 아닌 내가 원하는 부자에 대한 모습을 찾고, 행하고, 깨닫고, 고민하는 과정을 반복하면서 조금씩 원하는 삶에 가까워졌다.

부자가 되고 싶은데 그게 잘 안된다면 원하는 부자의 모습을 구체적으로 그리기를 권한다. 나는 평생 돈에 구애받지 않는 삶보다 더 좋은 삶을 찾았다. '돈에 구애받는 불편함도 수용할 만큼 자유로운 삶'이다.

나 역시 바라는 것과 원하는 것을 구분하지 못해 잘못된 선택을 반복한 끝에 몸과 마음이 가난해질 뻔한 적이 있다. 그것도 여러 번. 경험자로서 이야기하자면, 내가 원하는 부자의 모습과 남이 평가하는 부자의 이미지를 제대로 구별하는 것이 핵심이다. 진짜 부자는 남과 비교하지 않는다. 나보다 나은 타인의 장점을 인정하고 축하할 줄 안다. 비교하더라도 감정을 낭비하지 않는다. 부러운 만큼 노력하여 자신의 것으로 만들려 할 뿐이다. 부자의 진짜 자산은 삶에서 길어 올린 지혜와 꾸준히 성장하고자 하는 마음, 그리고 그로부터 자라난 자존감이다.

중·고등학생을 대상으로 강의할 때면 원하는 것을 찾으려는 노력보다 바라는 것만 상상하는 학생들을 더 많이 만나게 된다. 그것도 남보다 더 많은 것을 바란다. 그래서 학생들에게는 스스로 원하는 것이 무엇인지 먼저 찾아보라 이야기하고, 결국 원하는 삶을 살고 싶다면 스스로 해낼 힘이 필요하다는 사실을 전하려 애쓴다.

하지만 공부하느라 지쳤거나 학교 수업과 직접적인 관련이 없어서인지 강의 중에 잠을 자는 친구들도 많다. 잠은 몸과 마음의 회복에 도움이 될 수 있으니 굳이 깨우지는 않지만 대신 반드시 들려주는 말이 있다.

"잠을 자면서 꿈을 꾸는 것은 몸과 마음에 좋은 일이니 말리지는 않을 거야. 다만 꿈을 이루고 싶다면 반드시 깨어 있어야 한다는 사실만큼은 알았으면 좋겠어."

원하지 않는 사람은
원하지 않는 삶을 산다

　원하는 사람은 원하는 삶을 살고, 원하지 않는 사람은 원하지 않는 삶을 산다. 나는 행복실천가로서 원하는 삶을 잘 살고 있다. 그러나 이에 앞서 원하지 않는 삶을 꽤 오랜 시간 살았다. 왜 원하지 않는 삶을 살았을까? 원하는 삶이 없었기 때문이다. 원하는 삶이 없는 시간은 결국 원하지 않는 삶으로 채워지게 된다.
　나는 온갖 중독을 경험했다. 술·담배·인터넷·도박까지 종류도 다양했다. 약사가 아니었다면 마약까지 손댔을지도 모른다. 그 시절 나는 자신을 사랑하지 않았고, 오히려 해치는 삶을 살았다. 어른으로 성장하는 데 필요한 고통을 수용하지 않았으며, 무책임한 쾌락에 빠져 현실을 외면하기에 바빴다. 그렇다고 아무런 노력 없이 살았던 것만은 아니다. 남들보다 빠른 속도로 성공을 향해 달려가던 때도 있었다. 하지만 또다시 자신을 사랑하지 않았고, 내게 맞는 방향을 찾지 않았기에 결국 같은 결말을 맞이했다.

운영하던 사업체가 망했다.
그것도 두 번이나. 스스로도 믿기 힘들었다.

번아웃으로 인해 모든 것을 포기하고 멈춰서기를 반복했다.
쉬는 동안 뒤처졌다고 생각해서 이를 만회하려다 더 큰 욕심을 부렸고, 결국 더 심한 번아웃이 찾아왔다.

과욕으로 인해 큰 투자에 실패했다.
내가 진짜 원하는 삶이 무엇인지 제대로 생각하지 않았다. 남보다 빠르게 성공하는 삶은 내 길이 아니었다. 사실 그럴 힘도 없었다.

무리한 투자로 10억의 빚이 있었다.
무리하라고 한 사람은 아무도 없었다. 오롯이 내 욕심이 낳은 선택이었다.

삶을 포기하려 했다.
그런데 이상하게도 정말 간절히 살고 싶었다.

지나가면 추억이라지만 지금도 꿈속에서 과거의 나를 만나면 식은땀을 흘린다. 하지만 행복하게 살기를 실천하는 요즘은 다르다. 아침에 눈을 뜨면 하루가 소중하고 주변의 일상이 나의 행복을 위해 존재한다는 사실을 안다. 아이들의 아침을 맛있게 차릴 때 행복하고, 사랑을 담아 가족과 포옹할 때 행복하다. 부모님의 얼굴을 보면 행복하고, 일터에서는 동료들과 함께 웃을 수 있어 행복하다. 내 이야기를 듣고 행복하다고 말씀해 주시는 분들을 위해 강의장으로 향할 때 행복하고, 누군가 힘이 든 순간 어떻게든 위로하고 칭찬하며 공감하고 싶은 마음이 생겨 행복하다.

그렇다고 불행할 때가 없다는 말은 아니다. 다만 닥쳐오는 불행이 있더라도 기꺼이 행복세*로 낼 수 있기에 큰 걱정이 없다. 남부러울 엄청난 복이 찾아온 것도 아니다. 하지만 아무리 작은 행복이라도 크게 볼 수 있는 행복돋보기가 있어 나의 행복은 감동의 연속이다.

어떻게 이렇게 거짓말 같은 변화가 가능했을까? W.A.N.T.를 잘 쓰게 된 덕분이다. 잘못된 길에 들어서서 불행이 찾아올 때도 있지만, 다시 W.A.N.T.를 사용하며 행복의 길로 돌아온다. W.A.N.T.는 단순한 소원 빌기가 아니다. 진정으로 원하는 사람

---

* 나는 불행을 행복을 온전히 누리기 위한 세금으로 여긴다. 〈행복세와 행복돋보기〉장 참조

이 방법을 찾고, 행하고, 깨닫고, 깊이 고민하는 공식이다. 나는 이 공식으로 원하는 삶을 살며 내 주변을 변화시킨다.

내가 W.A.N.T.를 써서 살고 있는 삶은 다음과 같다.

나는 3대가 한 집에서 행복하게 살고 있다.
평생을 이어갈 나의 W.A.N.T.다.

행복실천 강사로 전국을 다니며 내가 원하는 강의를 한다.
사람들이 내 이야기를 듣고 행복해하는 표정을 정말 좋아한다.

약국에 출근하면 사람들을 행복하게 도울 수 있다. 출근하지 않는 날도 어디에서든 사람들을 행복하게 할 생각에 설렌다.
번영약국의 캐치프레이즈는 "남을 도움으로써 나를 돕는 사람이 약사라 생각하고 최선을 다합니다."이다.

원하는 일을 찾고 실천하느라 바쁘다.

원하는 일을 하는 사람은 성공을 즐기고, 실패를 두려워하지 않는다. 원하는 일을 원하는 만큼 하는 것이 중요할 뿐 실패도 성공도 모두 다음으로 향하는 과정이라 여긴다.

이제는 번아웃이 없다.
'쉼'은 나를 위한 최고의 선물이다. 쉬면서 얻은 에너지만 사용하니 내 삶은 늘 완충 상태다.

하고 싶은 일이 많아 사는 게 즐겁고, 하고 싶은 일을 하며 사니 더 즐겁다.
행복을 실천하는 방법은 무궁무진하다. 게다가 함께 행복해지는 방법은 그보다 더 많다.

매일매일 지금(present)이라는 선물(present)을 받는다.
글을 쓰고 있는 오늘은 내가 17,676번째 선물을 받은 날이다.

책을 쓰면서 고민하는 이 시간이 선물을 가져오신 택배기사님을 만난 듯한 기분이 든다.

글쓰기가 쉬운 일은 아니지만 어려워도 즐거운 일이라서 더 좋다.

이를 한 문장으로 표현하면 다음과 같다.
"원하는 삶을 살기 위해 행복하게 일하고, 원하는 일을 하기 위해 행복하게 살고 있다."

내가 원하는 삶을 이루는 근본은 '행복'이다. 30여 년 전, 고등학교 1학년이던 나는 평화롭고 행복한 나날을 보내고 있었다. 내 주변의 어른들은 성공하기 위해 노력을 아끼지 않았고 내게도 "성공하면 행복하게 살 수 있다."는 말을 자주 하셨다.

그러나 나는 이미 행복한 사람이었다. 그래서 '성공'이라는 비자발적 목표가 주어졌을 때 혼란스러웠다. 하지만 어른들의 말을 잘 듣는 나였기에 '어떤 삶을 살기를 원하는가?'라는 질문을 스스로에게 던졌고 나만의 성공 기준을 고민해 결론 냈다.

'직업은 이왕이면 남을 도울 수 있으면 좋겠고 엄청난 부자는 아니라도 돈은 부족하지 않으면 좋겠어. 난 사람을 좋아하니 즐겁게 사람을 만나는 일이 좋겠어. 무엇보다도 지금처럼 가족이 함께하는 삶을 살아야겠지? 부모님, 사랑하는 아내, 그리고 어여쁜 아이들과 3대가 함께하는 행복한 집에 살면 좋겠다. 특별한 일을 원하는 것이 아니니 이 정도는 내가 할 수 있겠어. 그래, 결심했어! 대단한 사람이 아니라도 좋아. 누구나 할 수 있는 교과서에 나오는 평범한 삶이면 충분해!'

지나고 보니 교과서에 나오는 평범한 삶이 얼마나 힘든지 알게 되었다. 다행히 아무것도 모를 때 당차게 꿈꾼 덕분에 감사하게도 세상의 수많은 도움 속에서 그 꿈을 이룰 수 있었다.

하지만 그사이 내가 원하는 삶을 잊고, 원치 않는 삶을 오랜 시간 살기를 반복하기도 했다. 그로 인한 고통 속에서 허우적거렸지만, 마침내 삶의 중심이 되는 행복을 원하는 힘으로 원치 않는 삶에서 벗어날 수 있었다. 원하는 것을 잊고 산 시간만큼 원하지 않는 삶을 살았지만, 다행히 다시 찾고, 실천하고, 깨닫고, 깊이 고민하면서 원하는 삶을 이룰 수 있었다.

고대 그리스인은 시간을 절대적 양의 시간인 크로노스와 상대적 질의 시간인 카이로스로 나눴다. 크로노스는 태어나서 죽을 때까지 주어진 물리적 시간이다. 카이로스는 이를 채우는 기회와 의미의 시간이다.

원하는 삶을 살 준비를 하고 있다면 카이로스를 만끽할 수 있다. 그러나 그렇지 못하다면, 인생은 후회와 고통으로 가득 찬 크로노스만 남는다. 이 사실을 깨닫고 나서 W.A.N.T.를 사용하기 시작했다. 원하는 일에 몰입하면 시간은 놀라울 만큼 빠르게 흐른다. 영혼은 순식간에 성장하고 사고는 초인처럼 날카로워진다. 원하는 삶으로 카이로스를 채우면 시간이 지날수록 성장하며 자존감 넘치는 사람이 된다.

반대로 원하지 않는 삶으로 채워진 크로노스는 한없이 느리다. 원하지 않는 삶으로 가득 채워져 불행에 찌든 사람들이 자주 쓰는 말이 있다. "지긋지긋하다." 이상하게도 그들은 빨리 늙어 간다. 만화 『드래곤 볼』에는 '정신과 시간의 방'이 나온다. 이 방의 하루는 바깥의 1년과 같다. 원치 않는 삶으로 채워진 크로노스는 고통스러운 정신과 시간의 방이다. 그들은 아무것도 하지 않고 내 삶을 원망하느라 시간을 소진한다. 방에서 나온 뒤에도 남보다 더 늙어 버린 육신, 성장하지 못한 영혼, 멈춰버린 사고만 남는다. 그리고 다시 후회하며 시간을 낭비한다.

원하는 삶과 원하지 않는 삶은 내 기분에 따라 고를 문제가 아니다. 내가 가야 할 길이고, 그 길의 방향과 결과는 모두 나의 책임이다. 나는 지금도 믿는다. 원하는 삶을 살지 않는다면 원하지 않는 삶이 나를 찾아오게 된다.

그래서 나는 원하지 않는 삶이 다가오기 전에 내가 원하는 삶을 스스로 만들기로 결심했다. 그 결심을 실천할 구체적인 방법이 바로 W.A.N.T.다. 나를 원하는 길로 이끄는 네 가지 단계, Wade · Act · kNow · Think를 써서 나는 다시 방향을 잡았고 매일의 시간을 카이로스로 채울 수 있었다. 이 네 단계는 내가 원하는 삶을 찾고, 실천하고, 깨닫고, 고민하며 다듬어 가는 길이다.

찾아라(Wade), 원하는 것을

Wade는 '헤쳐 나아가다.'라는 뜻이다. 물길이나 진흙탕을 헤쳐 나아갈 때 쓰는 말이다. 내가 Wade를 선택한 이유는 W로 시작되는 '찾다'라는 단어를 찾고 또 찾아낸 끝에 발견했기 때문이다. 원하는 일을 찾으려면 내 자리에 서 있는 게 아니라 앞으로 나아가야 하기에 Wade는 내가 찾던 그 '찾다'다.

고등학생을 대상으로 하는 중독예방교육을 하러 갔을 때다. 이때 반드시 하는 이야기가 있다.

"여러분이 정말 좋아하는 일을 찾으면 의미 없는 중독에서 벗어나 행복한 삶을 살 수 있어요. 사람의 뇌는 생존에 유리한 행동을 하면 그에 따른 보상으로 도파민이라는 행복호르몬이 나와요.

예를 들어 목이 마른 코끼리가 물을 찾기 위해 수 킬로미터를 걸어 오아시스를 발견하잖아요? 이때 코끼리의 뇌에서 도파민이 팍 나오게 돼요. 이때 도파민은 뇌에 새로운 기억을 강하게 새겨 줘요. 이로써 코끼리는 다시 그곳을 쉽게 찾을 수 있는 기억을 갖는 거예요.

사람도 똑같아요. 생존에 도움이 되는 경험을 하면 도파민이 나옵니다. 이 호르몬은 '이 행동이 내 생존에 유리하다.'는 기억을 새겨 주는 일을 해요. 그래서 오랫동안 그런 행동을 안 하거나, 생존에 불리한 상황이 계속되면 뇌는 도파민이 나오는 행동을 다시 찾게 됩니다.

그런데 요즘 세상은 여러분이 생존과 전혀 상관없는 도파민만 추구하게 만들어요. 술·담배·SNS·쇼츠·도박 그리고 마약까지 모두 생존에 유리하게 활동하고 있는듯한 착각에 빠지도록 뇌를 속입니다. 그러나 그 끝은 죽음 또는 그에 버금가는 파멸뿐이에요.

의미 없는 쾌락보다 나의 미래를 이롭게 하고 현재를 즐겁게 하는 목표를 찾아야 해요. 그래야 안전하고 행복하게 살 수 있습니다. 이게, 선생님이 중독에서 벗어난 이유예요."

강의 후, 어느 학급에나 있을 조용하고 내성적인 학생이 잔뜩 긴장한 채로 교단에 있는 나를 찾아왔다.

"무슨 질문이 있어요? 편하게 이야기해요." 학생은 갑자기 눈

시울이 붉어지더니 눈물을 뚝뚝 흘리며 말했다.

"선생님, 저는 하고 싶은 일이 없어서 너무 무서웠어요. 누군가 제게 하고 싶은 일을 물어본 적도 없고 저도 찾아보겠다는 생각을 안 해봤어요. 그런데 선생님 말씀을 듣고 나니 원하는 일을 꼭 찾고 싶다는 마음이 생겼어요. 제가 이제라도 찾아보면 될까요? 제가, 잘할 수 있을까요?"

나는 진심을 담아 대답했다.

"이렇게 용기를 낼 정도라면 반드시 원하는 일을 찾을 수 있어요. 그리고 그 일을 꼭 이루리라 믿어요. 정말 대단해요. 응원할게요."

원하는 일을 찾았을 때와 찾지 않았을 때의 삶은 완전히 다르다. 내 삶이 그랬고, 여러분의 삶도 그럴 것이다. 나는 고등학교 시절에 학생으로서 원하는 일들을 마음껏 하며 매일 아침 행복하게 눈뜨는 삶을 살고 있었다.

"열심히 공부해라. 그래야 성공한다. 성공해야 행복할 수 있다."

만일 어른들이 이 말을 청소년의 눈높이에서 풀어 주셨다면 얼마나 좋았을까?

"네가 원하는 일을 하며 행복한 삶을 살고자 한다면, 공부해서 똑똑해지는 게 유리하단다."

사춘기 청소년의 뇌는 어른들의 말을 깊게 이해할 정도로 발달하지 않은 상태다. 이 점에서 나는 지극히 정상적인 청소년이었다. 그럼에도 '성공'이라는 목표를 받았으니 어떻게든 수행하려 했다.

방법을 알기 위해 그 당시 서점에서 제일 눈에 띄었던 『성공하는 사람들의 일곱 가지 습관』이라는 책을 집어 들었다. 그리고 책을 읽고서 하나의 결론에 도달했다.

'성공은 생각보다 벅차고 오래 참아야 하니 하고 싶지 않아.'

그래도 한평생 살아가려면 성공의 자리를 대신할 삶을 찾아야 했다. 고민 끝에 조금은 더 쉬워 보이는 '행복한 삶'이라는 새로운 목표를 세웠다. 더불어 〈행복한 사람들의 일곱 가지 습관〉을 만들기로 다짐했다.

열일곱 살까지 스스로 터득한 가장 좋은 습관은 '감사하기'였다. 부모님께서는 항상 '겸손하기'를 가르치셨다. 그래서 〈1. 감사하기〉, 〈2. 겸손하기〉로 습관 모으기를 시작했다. 이 두 가지만으로도 청소년 시기를 행복하게 보낼 수 있었기에 더 깊은 고민 없이 하루하루를 보냈다.

행복하게 살아서였을까? 대학과 그 이후의 미래에 대한 별 생각이 없었다. 다행히 적절한 성적을 받아 약학대학에 입학하게 되었고, 남들에게 칭찬받으며 대학에 입학하고 나니 세상이 내 것 같았다. 주변에서는 미래에 대한 걱정이 없으니 부럽다고도 했고, 삶을 고민하지 않아도 나를 꾸짖는 사람이 없었다.

그러다 보니 아무 노력도 필요 없는 술·담배·게임 등 온갖 쾌락만 즐기며 살았다. 그 당시에는 어른으로서 앞으로 어떤 삶을 이루고 싶은지 한 번도 생각하지 않았다. 불량 청소년이나 다름없는 성인 시절을 보내며, 스스로가 한심하게 느껴질 정도로 반성하지 않는 삶을 살았다.

반성 없는 후회는 고통을 낳았고, 그 고통은 다시 중독을 불렀다. 다른 이의 눈에는 좋은 학교에 대학원, 약사라는 직업, 병역특례로 연구원까지 하는 멀쩡하고 부러운 삶처럼 보였을지 모른다. 하지만 실상은 원하는 삶에 대한 고민을 제대로 하지 않았던 미숙한 성인이었고, 온갖 중독에 빠져 살았을 뿐이었다. 남들의 눈이 아닌 내가 보는 나는 한심한 중독자, 빌딩 숲 그늘에 낀 이끼 같은 존재였다.

그나마 내가 진심으로 원한 미래는 단 하나, 부모님 곁으로 돌아가는 날이었다. 집으로 돌아가면 다시 행복할 수 있을 것이라는 믿음이 나를 살게 하는 유일한 희망이었다.

중독은 고통에서 벗어나기 위한 몸부림이다. 우리가 고통을 느끼면 뇌는 이 상황을 생존에 불리하다고 판단한다. 그리고 고통을 피하기 위한 행동으로 인해 도파민이 분출된다. 이 흐름이 잘못된 방향으로 가면 쉽게 얻는 쾌락에 길들여져 중독에 빠지게 된다. 도파민이 분출되면 뇌는 그 행동을 생존에 유리하다고 기억하기 때문이다. 중독은 고장 난 기계가 잘못된 긍정 신호를 보내는 모습과 같다.

내가 그랬다. 오랜 시간이 지나 책을 읽으며 깨닫기 전까지 중독을 판단력과 인내심이 부족한 나만의 잘못이라 여겼다. 원하는 일을 찾지 않고 무의미하게 보낸 시간의 불안감이나 가족과 오랜 시간 떨어진 외로움을 바르게 인식하고 개선하려 하지 않았다. 고통을 잊기 위해 술·담배·게임·도박 등 내 몸을 망치고 마음을 망치는 일들로 긴 시간을 채웠을 뿐이다.

중독에 이유가 있다 하더라도 중독에서 벗어나는 노력을 하지 않은 것은 분명한 내 잘못이다. 잘못에 대한 벌로 소중한 20대의 시간을 원하지 않는 삶이 나를 지배하도록 방치했다.

12년의 서울 생활을 끝내고 고향인 제주도로 돌아와 부모님과 함께 지냈다. 안정적인 생활로 돌아오니 고통은 줄어들었고 중독에서도 점차 벗어날 수 있었다. 안정을 되찾자 문득 '내가 진정 원하는 행복한 삶을 더 일찍 고민했다면 어땠을까?' 하는 아쉬움이 밀려왔다. 하지만 다시 가족과 함께 살며 원하던 행복을 채웠기에 감사하는 마음이 더 컸다. 행복한 날들로 인해 자연스럽게 아쉬움은 사라졌고, 나를 불행하게 하는 일에서 벗어나 행복을 찾는 방향으로 걸어갈 수 있었다.

행복한 마음으로 잘 살다가 결혼하고 싶은 사람을 만났다. 행복하게 살 수 있을 짝을 만나자 온 마음을 그 사람에게 쏟았다. 행복한 결혼을 하기 위해 올바른 사람이 되고자 노력하고, 서로의 삶을 이롭게 할 행복을 만들고자 애썼다.

결혼 후 시간이 흘러, 나를 행복한 어른으로 만들어 주는 두 아이의 아빠가 되었다. 그렇게 내가 진정 원하는 삶을 찾았다.

원하는 것을 찾기 위해서는 훈련이 필요하다. 내가 행복하게 일하는 번영약국에서는 매일 아침 가장 중요한 회의가 열린다. 바로 점심 메뉴를 고르는 일이다. 이게 뭐가 중요한가 싶겠지만 내게는 원하는 점심 메뉴를 찾는 일이 '내가 원하는 것을 찾는 훈련'이자 '내 마음을 들여다보는 훈련'으로써 가장 쉽고 이상적이다.

하루를 살면서 원하는 대로 되는 일이 하나도 없다고 말하는 사람은 내가 원하는 점심 메뉴조차 적극적으로 찾아보지 않은 사람일 확률이 높다. 직장 또는 학교에 구내식당이 있으니 어쩔 수 없다면 다른 방법을 찾으면 된다. 매일 아침에 내가 마실 차를 신중하게 골라 봐도 좋다. 아니면 입을 옷을 신중하게 골라도 된다.

이렇게 매일 원하는 것을 찾도록 훈련하는 사람과 그렇지 않은 사람은 결과적으로 삶에서도 차이를 보인다. 믿기지 않는가? 나는 매일 원하는 점심 메뉴를 찾는 훈련을 1,000번도 넘게 했다. 그래서 언제든 제일 먹고 싶은 메뉴를 고를 수 있다. 삶도 그렇다. 꾸준히 찾고자 하면 내가 원하는 방향을 향하게 된다.

욕심은 노력 없는 결과를 바라거나 능력 이상을 기대하는 헛된 마음이다. 원하는 마음이 헛되지 않으려면 내가 이룰 수 있는 일로 전환하는 과정이 필요하다. 다시 말해 내가 좋아하고 잘할 수 있으면서 실천할 수 있도록 올바른 방향을 찾는 과정이 Wade의 핵심이다.

우리 아이들에게 공부하는 이유를 이렇게 설명한다.
"너희들은 앞으로 머리라는 도구를 이용해 세상을 마음껏 살아갈 거야. 그 도구를 준비하는 것이 공부란다.

원하는 일을 많이 하며 원하는 삶을 살고 싶다면 똑똑해지는 게 유리하겠지? 원하는 일을 찾지 못하면 원하지 않는 일을 하면서 살게 되는 게 삶이야.

아빠의 경험으로는 원하는 일을 이른 나이에 찾는 게 정말 어려웠어. 아빠도 40대 후반에서야 정말 원하는 일을 찾아서 하고 있잖아. 그런데 한 가지 분명한 사실이 있어. 원하는 일을 찾기 전까지는 공부를 열심히 해 두면, 너희들이 언젠가 원하는 일을 찾았을 때 선택의 걸림돌이 줄어든다는 점이야. 똑똑해지는 만큼 원하는 일을 할 때, 즐길 힘도 더 커진다는 사실을 꼭 기억해."

학생들에게 하는 강의에도 같은 이야기를 꼭 전한다.
"학교 공부가 싫다면 반드시 책이라도 많이 읽어야 해. 문자는 지구상에서 인간만이 갖고 있는 유일한 수단이고 엄청난 축복이야. 인간을 제외한 모든 동물의 유일한 학습 방법은 다른 동물을 보고 배우는 게 전부야. 그것도 수많은 실패에 대한 대가를 치르면서. 그런데 인간은 지식을 얻기 위해 시간이나 노력처럼 큰 대가를 치르지 않더라도 다른 이의 소중한 경험을 글로써 쉽게 익힐 수 있어. 성공하고 싶은 사람은 성공에 관한 책을, 행복하고 싶은 사람은 행복에 관한 책을, 언어를 배우거나 낚시나 요리를 하고 싶은 사람은 그에 맞는 책을 읽으면서 내가 원하는 방법을 습득할 수 있지. 그것도 평생이 걸릴 수도 있는 긴 시간의 지식을 말도 안 되는 짧은 시간에 가질 수 있는 거야."

다만, 공부가 전부는 아니다. 공부하면서 반드시 준비할 과정은 내가 원하는 것을 끊임없이 찾는 일이다. 원하는 것을 찾기 위해 항상 헤쳐 나갈(Wade) 준비가 되어 있어야 한다.

행하라(Act), 원하는 것을

Act라는 단어를 볼 때 제일 먼저 떠오르는 사람은 실천의 중요성을 그 누구보다 잘 알았던 고(故) 정주영 회장이다. 모두가 불가능하다며 말릴 때에도 일을 이루고자 하는 집념이 강했던 그는 말했다.

"어이, 자네 시도는 해 봤어?"

나는 원하는 일을 찾으면 바로 시도하는 편이다. 시도하면 결과를 볼 수 있기 때문이다. 약국에서 일할 때 입버릇처럼 하는 이야기가 있다. "가역적 시도라면 무엇이든 좋습니다. 마음껏 해 보세요. 그래야 무엇이 좋고 나쁜지 알게 되고, 그중에 좋은 것이 우리가 원하는 것이지요."

해 봐야 결과를 알 수 있고 아는 만큼 깨닫게 된다.

Act는 W.A.N.T.의 핵심이다. 행복도 성공도 원하는 사람이 원하는 만큼 할 수 있다. 그리고 원하는 만큼 할 수 있는지는 원하는 일을 직접 찾고 시도해 봐야만 알 수 있다.

결혼하고 원하는 삶을 찾았으니 더 잘 살고 싶어서 성공하는 사람들의 궤적을 열심히 따랐다. 남보다 앞서기 위해 노력에 노력을 더했다. 아이가 태어났으니 더 열심히 살고 싶었다. 하루는 천사님과 이야기를 나누던 중에 좌우명 이야기가 나왔다.

"이제 아빠인데 '멋대로 살되 함부로 살지 말자.'라는 좌우명은 아닌 것 같아요."

맞는 말이었다. 며칠 고민한 끝에 새 좌우명을 만들었다. '하고 싶은 일은 반드시 한다.' 20대 시절의 후회와 반성으로 함부로 살지 않게 되었으니 원하는 일에 집중하면 된다고 생각했다.

그리고 실천했다. 남들과 다른 시도로 짧은 시간에 수십 곳의 약국에서 다양한 경험을 쌓은 뒤에 내 약국을 열었다. 정말 열심히 할 자신이 있었다. 이왕 열심히 사는 김에 일도 재미있게 하고 싶었다. 재미있는 약국을 만들기 위해 여러 가지를 시도하며 애썼다. 재미있게 하니 더 열심히 할 수 있었다.

7년간 매해 약국은 성장했다. 저널에 칼럼도 쓰고 약사회 산하 언론사에서 약사를 대상으로 하는 개인 타이틀 프로그램도 5년간 진행했다. 전국을 다니며 약국경영 전문강사로 활동했고, 지역 약사회는 물론 대한약사회 활동도 했다. 다 재미있어시 한 일이었다. 매일매일 열심히 살고 진심으로 애썼다고 자부했다. 열정적인 나를 알리고 싶어 〈열정생산자 오원식〉이라는 명함도 만들었다.

그런데 어느 순간 지치기 시작했다. 모든 일이 재미없어졌다. 불안감과 불만이 커지기 시작했다. 몸도 많이 망가졌다. 시간이 흐를수록 내가 원하는 길이 아님을 알게 되니 아무것도 하고 싶지 않았다. 몇 년간 입버릇처럼 쉬고 싶다 했고 결국 실행했다. 잘하고 있던 약국을 접었다. 용두사미가 되어 버린 회사도 접었다. 칼럼, 방송, 강의, 그리고 약사회 활동까지 모두 접었다. 약사라는 무대의 모든 불이 꺼진 암전 상태였다. 그리고 안식년을 가졌다.

멈춰 쉬는 결정은 남이 보기에 뒤처지는 일이었다. 그래도 삶을 돌아보기로 결심했다. 내가 무엇을 잘못했는지 똑바로 확인하고 싶었기 때문이었다.

인간의 비교 습성은 생존 본능이다. 좋든 나쁘든 남과 비교하면서 산다. 그 본능 때문에 막연하게 남보다 나은 삶, 남보다 성공한 삶을 바라보기 시작했다. 내가 원하는 행복을 뒤로하고 남들보다 더 노력하면 된다는 생각만 했다. 노력이 성공을 만들고, 성공이 곧 행복을 가져올 것이라 믿었다.

막상 행복할 시간이 와도 아직은 이르다는 생각으로 행복의 감정을 미뤘다. 힘들고 지치더라도 조금만 참고 노력하면 다가올 미래가 더 큰 행복을 가져다주리라 믿었다. 하지만 결국 완전히 방전되고 말았다. 내가 원하는 행복을 잊고 살았으니 잘못된 길로 들어선 것이다.

다행히 내 마음에 솔직한 덕분에 '멈춰서기'를 실행할 수 있었다. 비가역적인 선택이었지만 앞으로 나아가는 길 또한 불행으로 향하는 되돌릴 수 없는 여정이었기에 멈출 용기를 냈다. 만일 잘못된 방향으로 향할 때 멈추지 않았다면 나는 지금도 '노력이 성공을, 성공이 행복을 만든다.'는 믿음에서 벗어나지 못했을 것이다.

원하는 길을 찾더라도 가지 않는다면 결과를 알 수 없다. 결국 실천이 W.A.N.T.를 이루는 핵심이다. 지금 행복하다면 원하는 삶을 살고 있을 가능성이 크다. 반대라면 불행할 확률이 높을 테니 원하는 삶을 다시 찾아 방향을 바꿔야 한다. 실행을 위해 나는 내 마음에 솔직했고 책임질 용기를 냈다. 힘을 실어 줄 가족의 지지도 받았다. 멈춤과 돌아감을 선택하고 실행(Act)했다. 그 덕분에 지금의 내가 있다.

깨달아라(kNow), 원하는 것을

일이나 삶이나 모르면 힘들고 알면 쉽다. 탁월한 사람들은 대부분 일을 시작하기 전에 잘할 방법부터 알고자 노력한다. 반면에 나같이 평범한 사람들은 무턱대고 시도부터 하니, 깨지면서 익히기 십상이다. 막상 어려움에 부딪혀 고생하고 나서야 '이래선 안 되겠구나.' 하고 깨닫고 뒤늦게 방법을 찾는다. 그것도 그럴 것이 4대 성현이나 되면 모를까, 일이나 삶의 진리를 알고 태어나기란 불가능에 가깝기 때문이다. 그러니 행하는 중에 깨닫는 것은 그리 큰 흠이 아니라 오히려 평범한 인간의 자연스러운 모습이다. 새로운 놀이기구를 보면 무턱대고 올라타는 아이들에게 방법부터 배우라고 한다면 의욕이 한풀 꺾이지 않겠는가? 방법을 찾는 시간과 속도의 차이일 뿐, 결국 모두 같은 목적지에 도착하게 된다. 오히려 나 같은 사람을 살짝 편들자면, 실패를 거울삼아 얻은 깨달음은 뼛속 깊이 새겨지기에 절대 잊지 않는다고 말하고 싶다.

　살아가는 동안 얻는 깨달음은 우리를 올바른 방향으로 이끈다. 깨달음은 행동한 결과를 확인하고 수용하는 과정이기도 하다. 그렇게 깨달음은 지혜가 된다. 부모가 자식을 가르칠 때 가장 중요하게 여기는 기준은 자신의 깨달음이다. 우리 부모님도 그러하셨고, 나 역시 내가 겪은 시행착오 끝에 얻은 깨달음을 우리 아이들에게 물려주고 싶은 마음이 크다. 내 아이들은 나보다 쉽게 깨닫고 더 현명하게 살았으면 하는 바람이다.

　과거의 나는 무엇을 잘못 알았기에 모든 것을 멈추고 오랜 시간을 돌아보기까지 했을까? 지금의 삶을 얼마나 원하지 않았기에 인생을 멈출 만큼 큰 용기를 낼 수 있었을까? 이미 멈춰야 할 이유는 확실했다. 둑이 무너지기 전까지 몰랐을 뿐. 일곱 살의 딸과 네 살의 아들의 아빠로 열심히 살던 날들이었다. 아이들은 현명한 엄마 덕에 예쁘게 잘 자라고 있었다. 둘째가 말이 조금 늦긴 했어도 큰 문제는 아니었다. 모든 게 평화로웠다.
　20대의 무책임한 날들에 대한 후회와 반성으로, 30대 때는 책임감 있는 삶을 살고 싶었다. 가족과 행복한 시간을 보내고 싶을 때도 많았지만, 그보다 내 앞에 주어진 책임을 우선시했다. 남들도 그렇게 사니까. 부모님께서는 몸은 상하지 않게 돌보면서 하라고 응원하셨고, 천사님은 묵묵히 지켜봤다. 아이들과 함께할 시간이 부족한 게 아쉬웠을 뿐 순조로운 삶이었다. 지난 시간의 낭비를 만회하기 위해서 언제나 효율적인 삶을 추구했기에, 어쩌다 생기는 아이들과의 시간이 잠깐이라도 주어지면 마음이 늘 조급했다. 아이들에게 뭔가 더 나은 환경을 만들어 주고 똑똑해질 방법을 알려 주는 게 최우선이라 생각했다.

그러던 어느 날이었다. 퇴근하고 집에 도착했는데 아직 말을 잘 못하던 둘째가 환한 모습으로 "아빠~" 하면서 달려왔다. 그런데 갑자기 멈춰 섰다. 아빠의 얼굴을 바라보는 둘째의 얼굴이 순식간에 어두워졌다.

깜짝 놀라서 천사님에게 물었다.

"건이가 왜 그럴까요?"

천사님은 당연하다는 표정으로 말했다.

"아빠가 자기를 자꾸 혼내기만 하니까 그래요."

깜짝 놀랐다. 나는 어느새 무서운 아빠가 되어 있었다. 아이들과 함께하는 시간이 거의 없었기에 짧은 시간에 단점을 찾아 고친다는 핑계로 혼내기에 바빴다. 두 아이들이 태어나고 예쁘게 자라는 동안 나는 열심히 바른길을 가고 있다고 착각했다.

일이 바쁘고 지치다는 핑계로 일이 끝나면 친구들을 만나 술에 취해 늦게 들어오거나 방구석에 들어가 텔레비전을 벗 삼아 술 마시다 잠드는 시간이 이어졌다. 더 나은 삶을 향해 열심히 살고 있다 믿었는데 나는 다시 한심한 중독자, 이제는 거대한 빌딩 사이의 이끼가 아니라 가족의 중심에서 햇빛을 가리는 잘못 자란 나무가 되어 버렸다.

나를 힘들게 하는 고통도 없는데 왜 이러는지 혼란스러웠고 공포스러웠다. 이유는 모르겠지만 열심히 달린 길이 벼랑으로 향한다는 느낌을 지울 수 없었다. 그리고 그날 저녁, 나는 어두운 방구석에서 펑펑 울었다.

"안 되겠어요. 나 그만둘래요."

천사님은 말했다.

"잘 생각했어요."

그렇게 결심은 실행되었다. 우선 약국을 정리했다. 더불어 하고 있던 모든 일을 그만두었다. 모든 것을 멈추고 나를 돌아보는 시간을 갖기 위해 깊이 침잠했다.

남들은 내 결심이 신기했을 수도 있다. 얼핏 보기엔 충분히 잘 살고 있는데 왜 갑자기 모든 것을 내려놓았을까? 어떻게 그런 결심을 실행으로 옮겼을까? 열심히 일했으니 누릴 만한 여유 때문일까? 그렇게 보일 수도 있다.

그 이유는 이미 경험으로 각인된 감정이었다. 자신을 사랑하지도 않고 잘못을 반성하지도 않던 20대의 후회를 되풀이할 것 같은 공포감을 열심히 살고 있는 30대에 느꼈다. 아내와 아이들이 있는 가장으로서 정말 열심히 노력하며 사는데도 같은 상황을 반복한다면 정말 죽을 것 같았다. 그래서 원하지 않는 삶에서 벗어나 원하는 삶의 방향을 다시 찾았다.

멈춰서서 지난 잘못을 차분히 돌아봤다. 나는 다시 남의 평가를 기준으로 살고 있었다. 그래도 다행인 점은 그때는 노력조차 없었으나, 지금은 무엇이든 열심히 했다는 것이다. 그런데, 열심히 살아서 나아진 듯 보이는 모습이 오히려 나를 더 힘들게 했다.

'이렇게 열심히 살아도 안 되면 도대체 어쩌라는 거지?'

다시 차분히 돌아보니 눈에 보이기 시작했다. 남보다 돈을 열심히 벌고, 일을 많이 하고 있으니 더 나은 삶을 산다는 착각에 빠져 있었다. 그리고 내가 원하는 삶을 산다고 착각하며 남의 눈에 보이는 삶에 집착했다.

그러나 언제나 내가 원하는 삶은 가족과 함께하는 행복한 삶이었다. 다행히 둑이 무너질 뻔한 순간 둘째를 계기로 깨달았다. 모든 걸 내려놓는 데에는 용기가 그리 크게 필요하지는 않았다. 다시 후회스러운 삶을 살게 될 두려움이 훨씬 컸기 때문이다. 다행스럽게도 나를 돌아보니 무엇이 잘못되었는지 깨달을 수 있었다.

'그럼, 이제 어떻게 하지?'

내 마음에 솔직해지고 그 결과를 책임질 용기를 내자 내가 원하는 삶이 모습을 드러냈다.

안식년에서 얻은 소득은 내 인생을 송두리째 바꿔 놓았다. 그러나 그 깨달음은 놀랍도록 단순하고 당연했다. 그중 으뜸은 아이들과 시간을 보내며 더할 나위 없이 가까워진 일이다. 모든 일을 멈춘 것이 전화위복이 되었다. 둘째는 아빠와 시간을 더 보내며 말이 트이기 시작했다. 좋은 아빠가 되기 위해서 아이에게 더 나은 환경을 만들고자 애썼다고 믿었으나 나는 환경의 의미를 잘못 이해하고 있었다. 아이 곁에 함께하는 것, 이것이 진정 아빠가 아이에게 만들어 줄 수 있는 최고의 환경이었다. 낮잠을 자다 깬 어느 날, 내 팔을 베고 함께 누워 잠이 든 아이의 모습이 준 깨달음이었다.

둘째의 유치원 입학식은 아빠와 아들 단둘만의 이벤트였다. 아무런 행사도 없었다. 유치원의 일상 중 첫날일 뿐이었다. 하지만 내 마음에는 영원히 특별한 날로 남았다. 아빠에게는 안식년의 첫날이자 아들과 함께하기로 선택한 첫날이었기 때문이다. 그날 이후로 거의 매일 유치원 등·하원을 함께했다. 지금 우리 아들은 아빠랑 가장 가깝다.

그리고 안식년을 보내며 하고 싶은 일을 원 없이 했다. 여행도 마음껏 다녔고, 책도 실컷 읽었다. 음식 만들기를 매우 좋아한다는 사실도 깨달았다. 아이들의 밥을 차리는 재미에 빠졌고, 아이들은 아빠가 옆에 있어 행복했다. 이렇게 행복을 쓰며 나는 다시 살아갈 힘을 얻었다.

하루는 택시를 타고 집으로 돌아오는 늦은 밤이었다. 라디오 디제이가 내게 직접 말하는 듯한 느낌이 들었다. 그의 내레이션은 내 속마음을 꿰뚫어 세상에 내보이듯 뜨끔했다. '산을 내려올 때는 허리를 숙이고, 무릎을 낮추고…' 열심히 살던 이유가 남보다 높은 곳에 올라가기 위함이었는데, 막상 내려와 보니 내가 오르고자 아득바득하던 산은 동네 앞 조그만 언덕보다도 야트막했다.

그동안 나 혼자만 별 볼 일 있는 삶을 살겠다고 유난을 떨었을 뿐, 정말 소중한 내 가족은 별 볼 일 없는 지경에 이르렀음을 뒤늦게 알았다. 깊이 반성하고 잘못을 고치기 위해 다시 일어섰다.

남보다 나은 삶, 성공한 삶을 사는 것이 나를 특별하게 만들어 줄 것이라는 착각으로 '가족과의 특별한 삶'을 희생시켰다는 것을 뒤늦게나마 깨달아서 다행이었다. 넘어져서 한참을 멍하니 주변을 둘러보던 나를 다시 일으켜 준 것은 가족이었다. 우리 가족은 언제나 나를 보고 따뜻하게 웃어 주었고, 그 미소는 슈퍼맨이 에너지를 얻는 태양과 같았다. 나는 가족으로부터 사랑 에너지를 얻는 패밀리 맨이었다.

다시 시작하자! 그런데 앞으로 어떻게 살지? 속도와 성공에만 빠져 있던 나는 내 마음에 솔직해지기가 이렇게 어려운 일인지 몰랐다. 내가 가고 싶은 길을 찾지도 않은 채 남들이 가는 길을 더 빨리 가려 했을 뿐이었다. 내 방향을 찾아야 한다. 길을 선택하는 데 불안감이 엄습했다. '이 길이 맞을까? 남들보다 잘못 살면 어떻게 하지?' 습관처럼 남을 돌아보려던 찰나, 나에게 다시 말했다. '이제는 남이 아닌 내 마음에 물어보기로 했어. 내 마음이 알려 주는 길이어야 내가 책임질 수 있는 거야.' 용기가 생기니 힘이 났다.

내 길을 찾아 줄 지도와 나침반이 있으면 좋겠는데⋯ '아, 맞다. 좌우명! 이게 내 나침반이구나!'

나는 살면서 몇 차례 바꿔 온 좌우명이 있다. 17살 때부터 사용한 '멋대로 살되, 함부로 살지 말자.'라는 좌우명 덕에 다행히 자신을 불행의 구렁텅이에서 건져 낼 수 있었다. 34살에는 '하고 싶은 일은 반드시 한다.'라는 좌우명을 만들어서 하고 싶은 일을 하고자 모든 것을 쏟아부었다. 하지만 내가 원하는 방향을 찾지 못하니 결국 멈출 수밖에 없었다.

1년간의 고민 끝에 새 좌우명을 만들었다. '두 손을 펴고 마음껏 살다.' 내가 원한 삶은 결과에 매달리지 않고 마음을 자유롭게 펼쳐 내는 것이었다. 이제는 두 손을 펴고 마음껏 살고 있다. 남들보다 작은 손에 움켜쥘 성공보다 큰 머리에 담아둘 지혜를 더 귀하게 여긴다. 삶이 주는 새로움에 호기심을 품고 성공과 실패를 떠나 경험이 주는 기쁨을 추억으로 쌓는다. 그렇게 속도보다 방향을, 성공보다 성장하는 삶을 택했다. 나의 방향, 나의 성장. 40년을 달리다 1년을 멈춰서야 얻은 깨달음이다.

이제 나는 원하지 않는 삶을 두려워하지 않는다. 원하는 삶을 찾고 실천하는 과정에서 잘못되더라도 깨닫고 다시 돌아갈 용기가 있기 때문이다. 결국 삶을 올바른 길로 이끄는 힘은 깨달음에 있다. 그렇다면 얻은 깨달음을 어떻게 내 삶에 깊이 새기고 발전시킬 수 있을까? 그 답은 바로 'Think, 고민하라'에 있다.

고민하라(Think), 원하는 것을

　인생을 사노라면 원치 않아도 수많은 걱정이 마음에 자리 잡는다. 하지만 그 원인을 깊게 고민하는 사람은 많지 않다. 별문제가 없을 때는 고민할 이유조차 찾지 않는다. 그러나 인생은 늘 우리를 시험한다. 행복한 삶을 지키거나 걱정거리를 해결하기 위해서는 반드시 고민할 시간과 힘이 필요하다. 원하는 삶을 이루는 길도 마찬가지다. 마음이 꿈꾸는 삶을 실현하는 힘이 생각이라는 점에서 고민은 가슴과 머리를 이어 주는 통역사다. 때로는 마음별을 습격한 걱정이라는 빌런을 무찌르기 위해 생각별에서 날아온 슈퍼맨이기도 하다.

　안식년이 끝나고 새로 약국을 시작했다. 부모님은 40년간 하시던 음식점을 그만두셨다. 내가 거의 강제로 권유한 은퇴였다. 더 이상 남을 위해 사시지 말고 이제는 본인만을 위해 사시라는 뜻이었다. 행복하게 살고자 경로를 바꿨더니 큰 행운이 찾아왔다. 은인과 같은 건축사님을 만나 행복하게 살 수 있는 집을 짓게 됐다. 평생 감사한 일이다. 남들은 집을 지으며 늙는다던데 3대가 행복하게 살 수 있는 집을 지어 주시느라 우리 대신 늙으신 듯해 죄송한 마음이면서도 감사함이 더 크다.

"They live happily ever after.", "그 후로도 행복하게 오래오래 살았습니다."라는 전형적인 이야기를 현실성 있게 비튼 영화 『슈렉』을 참 좋아한다. 나의 현실감 넘치는 행복한 삶은 다음과 같다.

첫 번째, 아버지와 사이가 너무나 좋지 않았다. 마흔다섯에 펑펑 울며 "아버지가 나를 사랑하지 않는다는 사실을 알았어요."라고 외쳤다. 어머니는 평생소원이 부자가 화목한 것이지만 포기한다고 말씀하셨다.

두 번째, 코로나19로 약국이 망했다. 그것도 2년 가까이 고생하고도 극복하지 못해 폐업했다. 업종 특성으로 망할 때까지 국가 지원조차 받을 수 없었다.

세 번째, 주식투기로 수억 원의 자산을 날렸다. 그것도 단기간에.

네 번째, 아이들의 사춘기가 시작되었고 나는 당황하기 시작했다.

누구에게나 일어날 수 있는 일이지만 그렇다고 쉽게 벗어날 수 있는 일도 아니다. 평생 짊어지고 가는 사람도 많다. 어찌어찌 넘어지고 구르고 다칠 때마다 다시 일어나기를 반복하며 결국 모든 상황을 잘 넘겼고 넘기는 중이다. 그 덕에 이제는 짧게 불행하고 자주 행복한 삶을 살고 있다. 풀기 힘든 이 문제들을 해결하고자 적극적으로 방법을 찾고 실행했다. 결과에서 얻은 깨달음을 문제 해결에 적용하며 해결될 때까지 더 좋은 방법을 고민하며 반복했다.

첫 번째, 심리학 공부를 시작했다. 앞으로 함께할 온 가족이 화목하기를 바라는 마음 때문이었다. 만학도로 대학에서 상담심리학을 전공하고 자격증까지 딸 정도로 진심이었다. 그 당시 아버지는 아들이 불안해서 자주 화를 내셨다. 반대로 나는 아버지가 열심히 노력하는 아들에게 칭찬 한 번 하시지 않는 게 불만이었지만, 어떻게든 관계를 발전시키고자 좋은 방법을 찾는 데 애썼다. 그리고 외쳤다. "알았다!" 가족심리학을 공부하던 때였다. 가족에게 제일 중요한 것은 직면한 문제가 아니라 문제를 바라보는 가족의 감정이다. 아버지와 나의 의견 차이는 반드시 해결해야 할 문제가 아니었다. 아버지는 불안하셔도 되고 나는 인정받지 못해도 괜찮다. 단지 서로를 사랑하는 마음만 다치지 않으면 충분하다. 그래서 아버지를 사랑하는 마음만 생각했다. 똑같이 혼내시는 아버지께 웃으며 막걸리를 따라드렸다. 언젠가 아버지가 안 계시면 혼나지도 못할 테니 이것마저 감사했다. 그러다 보니 마음이 편안해졌다. 그저 아버지를 사랑하는 아들로서 옆에 있었다. 어느 순간 '아버지'라는 호칭도 '아빠'로 바꿨다. 더 가까워지고 싶기도 했지만 나이 들어가는 아버지가 더 젊은 '아빠'로 사셨으면 하는 바람이 컸다. 어릴 때는 인정받고 싶어서 누가 시키지도 않았음에도 아버지라 호칭을 바꿨는데, 돌아보면 나는 아빠라 부를 때가 더 가깝고 좋았다. 그렇게 하루하루를 쌓으면서 나는 아빠와 제일 친한 사이가 되었다. 우리 아들이 나와 그런 것처럼. 요즘은 매일 아침저녁으로 부모님을 껴안고 사랑한다고 말씀드린다. 또, 자주 밥을 먹는다. 명문가의 17대 장손이자 효자로 유명한 선배 약사님께서 '효도는 함께 밥을 먹는 것'이라 하셨다. 그래서 가족은 식구(食口)다.

두 번째, 코로나19로 약국이 무너졌다. 안식년 이후에 새로 시작한 약국은 애초부터 의욕을 담기에는 아쉬움이 컸다. 물론 그 덕에 집을 지을 돈을 마련하는 데 도움이 되었으니 감사할 일이지만 마음속은 늘 다음 약국을 그리고 있었다. 그 당시 나에게 집은 행복의 결실이었고, 약국을 하며 돈을 버는 일은 내가 원하는 것을 얻기 위한 대가이자 견뎌야 할 고통일 뿐이었다. 견딜만했지만 평생 이어가고 싶지는 않았다.

좋은 약사의 진심이 담기지 않았기 때문일까? 코로나19가 닥쳤고 약국은 힘들어졌다. 하루에 다섯 명도 오지 않는 날이 시작됐다. 두 시간에 한 명, 열한 시간을 약국에 있으며 느낀 감정은 '나라는 인간의 쓸모없음'이었다. 아이러니하게도 약국은 어려워졌으나 주식 투자가 잘 풀렸다. 2년간 약사로 번 돈보다 더 많은 돈을 벌었다. 그런데 마음은 갈수록 우울해졌다. 좋은 약사로 행복한 삶을 살고 있었는데, 코로나19라는 불가항력적 이유로 생업이 엉망이 되고, 사회에 쓸모없는 무능한 사람으로 살아가는 게 정말 싫었다.

코로나19가 잠잠해지면 나아지리라 믿고 기다렸지만 지겹고 힘든 시간 뒤에도 내가 기다리는 날은 오지 않았다. 결국 2년간의 고민 끝에 모두 정리하고 새출발을 시작했다. 그때 내 다짐은 단 하나였다. '다음 약국은 내가 하루 종일 행복하게 지내는 곳으로 만들자.' 지금까지 가족을 위해 충분히 노력했으니, 이제부터는 나를 위해 행복한 일터를 만드는 것이 목표였다. 다행스럽게 지금은 내가 원하는 모습의 일터에서 최고의 동료들과 매일 하이파이브를 나누며 행복하게 지낸다.

세 번째, 주식투기로 수억대의 손실을 봤다. 그것도 단기간에. 돈에는 행복한 돈과 불행한 돈이 있다. "남을 도움으로써 나를 돕는 사람이 약사라 생각하고 최선을 다합니다."라는 캐치프레이즈나 "행복하려고 노력하는 것이 아니라, 행복하니까 노력하는 것이다."라는 슬로건으로 움직이는 번영약국에서 번 돈은 행복한 돈이 된다. 행복한 약국에서 번 돈이기 때문이다. 행복실천 강의로 버는 강의료도 마찬가지다. 이 돈은 더욱더 행복한 돈이 된다. 이 돈으로는 행복을 사기 때문이다. 가장 대표적인 것이 책 선물이다. 좋아하는 책을 누군가에게 맞게 골라 선물할 때 쓰는 돈은 행복을 사는 돈이 될 수 있다.

반면, 아무리 돈이 많아도 불행한 돈은 나를 망가뜨리거나 곧 떠난다. 20년간의 주식 경험으로 단기간에 수억대의 수익을 실현한 적이 있었다. 그런데 돈이 많아질수록 욕심도 함께 자랐다. 결국 행복한 돈이 불행한 돈으로 변하는 데 필요한 것은 단두 글자, '욕심'이었다.

코로나19 시기에 나라는 사람의 쓸모없음을 견디지 못한 내마음은 '전업투자를 잘하면 약국에서 이런 괴로운 기분을 느낄 필요가 없잖아?'라는 게으른 착각에 빠졌다. 모순적으로 행복한 약국을 준비하면서도 눈앞의 행복은 외면하고 불행한 돈을 좇기 시작했다. 나를 담금질하기 위해서였을까? 새 약국이 자리 잡을 무렵, 결국 쉬운 돈에 대한 욕심에 완전히 눈이 멀었다. 20년간 한 번도 하지 않았던 신용대출을 감당하기 힘들 정도까지 받아 주식에 투자했다. 원칙이 깨진 투자는 투기로 변질됐다. 탐욕에 가득 찬 매매는 고통스러운 실패로 이어졌다. 나는 실패를 수용하지 않고 1년을 버티며 견뎠지만 갈수록 더 나빠질 뿐이었다. 수익을 모두 반납하고 손실이 커질수록 공포와 고통도 커졌다. 쓸데없는 싸구려 물건들을 사며 이상한 중독에 빠지기 시작했다. 잘못된 길로 들어설 때 경험하던 빨간불이 켜졌다. 다행히 고통을 수용하기로 결심했고, 더 큰 문제가 생기지 않게 수억대의 손실을 확정했다.

그러자 놀라운 일이 생겼다. 고통을 수용하고 잘못을 바로잡은 날이었다. 우리 가족이 새로운 약국을 열심히 하고 있는 아들이자 남편이자 아빠를 응원하기 위해 맛있는 저녁을 준비하고 나를 기다린 것이 아닌가? 그 순간 신기한 경험을 했다. 분명 고통스러워야 할 시간인데 행복한 기분으로 가득 찼다. 그 순간 깨달았다.

'불행을 수용하면 그 속에서도 행복할 수 있구나. 나는 욕심부

릴 필요 없이 이미 주어진 환경에서 행복을 찾는 사람이구나.'

그 이후 수용한 고통은 잊고 행복한 삶을 다시 찾기 시작했다. 그 시작은 콜드 샤워였다. 그리고 행복을 실천하기 위한 공부를 시작했다. 공부하다 확신을 얻은 나는 가족을 포함한 주변 사람들에게 선언했다.

"나는 앞으로 행복실천 강사가 될 거야."

나는 요즘 행복한 약사로, 행복실천 강사로 행복한 돈을 벌고 있다. 아니, 나의 가치를 키우고 있다. 가격을 연연하는 가치가 아니라 가치에 맞는 가격을 수용하는 사람으로서 행복이라는 가치를 키우고 있다.

네 번째, 큰 아이에게 사춘기가 왔다. 나는 23살 무렵 이미 첫 아이의 이름을 지어 두었다. 바라는 것만 많던 시절이었지만 언젠가는 결혼하고 애도 낳을 거라 믿었다. 오사랑. 아들이면 생각할 사(思)와 사내 랑(郞)을 써서 아빠처럼 생각 없이 살지 말고, 생각이 깊은 남자가 되라는 뜻을 담았다. 딸이라면 생각할 사(思)와 밝을 랑(朗)을 써서 '긍정적으로 생각하는 사람이 되라.'는 뜻을 담았다.

다행히 큰 딸은 이름 그대로 밝게 자라 주었다. 그리고 나이가 들자 여느 아이들처럼 사춘기에 접어들었다. 처음엔 당황스럽고 힘들었다. '우리 딸이 왜 이렇게 변했을까?' 주변에서는 사춘기의 자녀와는 멀리 떨어져 있는 게 답이라 했다. 특히 아빠는 더더욱. 하지만 나는 그게 답이 아니라고 생각했다.

그래서 다른 길을 찾았다. 더 나은 방법을 찾기 위한 공부에 몰입한 결과, 딸의 감정이 이해되기 시작했다. 그러한 시간을 보내며 딸과 옆에 나란히 앉아서 책도 읽고 온 가족이 함께 산책하며 편안하게 대화할 수 있는 사이가 됐다. 이 과정에서 부모의 역할은 아이들의 마음을 어른의 것으로 인정하고 수용하되 어른의 뇌를 빌려주는 것이란 깨달음을 얻었다. 반대로 열심히 공부하는 아이들의 지식을 부모가 빌려 쓰기도 한다. 이 책의 문장을 다듬을 때는 아빠보다 나은 딸의 시선을 빌리기도 했다.

원하는 것을 너무나 이루고 싶은 사람은 고민하고 또 고민한다. 길을 찾고 실행하고 깨달은 바를 다시 실천하며 결과를 확인하고 또 고민한다. 에디슨은 실패한 적이 없다. 찾고, 실행하고, 깨닫고, 고민하기를 무수히 반복하며 몰입에 빠졌을 뿐이다.

베토벤의 교향곡 9번 《합창》은 그의 귀가 들리지 않던 시절 완성된 작품으로 유명하다. 그 사실만으로도 충분히 놀랍다. 하지만 베토벤이 이 곡을 구상하고 완성하기까지 무려 30년이 걸렸다는 사실을 아는 이는 많지 않다.

우리가 원하는 삶은 무엇인가? 성공의 순간인가, 성장의 시간인가? 우리의 존재를 규정하는 것은 시간이다. 내게는 원하는 것을 찾고, 실천하고, 깨닫고, 몰입하는 과정이 곧 행복의 시간이다.

나는 행복할 때 살아 있다. 그리고 살아 있기에 행복하다.

원하는 바를 이루는 공식
W.A.N.T.

　일반적으로 원하는 목표를 이루기 위해서는 노력의 강도를 높이는 것이 가장 효과적이라 믿는다. 물론 압도적인 노력이 성공으로 이어질 때도 많다. 그래서 노력을 최선의 가치라 생각한다. 하지만 노력은 그 크기만큼 고통이 따르고 때로는 큰 대가를 치른다. 결국 노력은 생각만큼 완벽한 수단이 아니다. 나 역시 '노력이 성공을 만들고 성공이 행복을 가져온다.'는 믿음에 모든 것을 걸었지만 노력의 끝에 남은 것은 고통이었다. 노력은 만병통치약도, 만능열쇠도 아니었다. 그래서 다시는 끝없는 노력의 고통에 매이지 않으려 더 좋은 방법을 찾았고 '원하는 바를 이루는 공식 W.A.N.T.'가 탄생했다. W.A.N.T.는 노력을 버리라는 말이 아니다. 오히려 꼭 필요한 순간 가장 알맞은 곳에 쓰게 해 주는 공식이다. 나는 이 공식을 쓰면서 원하는 일을 원하는 만큼 이루기가 한결 쉬워졌고, 노력의 고통도 크게 줄었다.

W.A.N.T.는 다음의 순서를 거친다. 먼저 내가 원하는 일을 찾는다(Wade). 일의 크기와 상관없이 나를 행복하게 하고 실행이 쉬운 일을 먼저 고른다. 찾았다면 실행으로 옮기고(Act), 그 과정에서 내가 이 일을 진정 원하는지 아닌지를 깨닫게 된다(kNow). 만약 원하지 않는 일이라면 자연스럽게 멈추게 되니 오래 끌 걱정은 없다. 반대로 원한다는 깨달음이 오면 그 일을 더 잘할 방법과 앞으로 얼마나 하고 싶은지를 깊이 고민한다(Think). 이 네 단계를 반복하는 과정이 '원하는 바를 이루는 공식 W.A.N.T.'다.

사람은 흔히 잘 못하는 일이나 싫어하는 일을 억지로 참고 한다. 그렇게 해야 성공하고 다들 그 길을 간다고 배웠기 때문이다. 하지만 나는 그 길에서 참담한 실패를 겪었다. 고통을 참는 노력은 끝내 괴로움만 키울 뿐이었다. 설령 그 고통을 이겨 내고 더 나은 능력을 갖춰 성공한다 해도, 내가 원치 않는 일이라면 결국 추진력을 잃고 포기하게 된다. 더군다나 그 일이 나와 맞지 않는 일이라면 노력은 성장으로 이어지지 않고, 고갈된 나 자신과 마주하는 결과만 남는다.

고등학교 때 나는 수학과 물리에 약했지만 '앞날을 위해서는 이과'라는 주변의 말에 휩쓸려 친구들과 함께 이과를 선택했다. 그 대가는 컸다. 고등학교 내내 내가 잘 못하는 과목에 주눅 들어 지냈고 시험 때마다 괴로워했다. 대학을 졸업한 뒤 사회생활을 할 때도 별반 다르지 않았다. 내가 좋아하고 잘하는 일보다 남들이 좋게 봐줄 일만 찾고, 남에게 잘 보여야 한다는 의무감에 빠져 나다운 나를 포기한 채 남들의 시선에 맞춰 사는 시간을 보냈다.

먼 길을 돌아왔지만 결국 뼈저리게 얻은 깨달음이 나를 바꿨다. 잘하지도 못하고 싫어하는 일을 억지로 이어가다 몸과 마음이 망가진 경험 끝에 내린 결론은 단순했다. '망하더라도 좋으니 내가 정말 좋아하고 잘하는 일을 하다 망하자.' 그때부터 나는 '좋아하고 잘하는 일'에 집중했고, W.A.N.T.라는 공식을 써서 좋아하고 잘하는 일을 하나씩 쌓기 시작했다. 그중 으뜸은 행복실천 강의다. 나는 원래 성공보다 행복을 더 소중히 여겼고, 남들 앞에 서서 웃으며 말하는 일을 매우 즐거워하는 사람이다. 그래서 선택한 이 일을 처음에는 나조차도 '과연 될까?' 하는 의문을 가졌다. 그래도 좋아하고 잘하는 일이라 믿었기에 W.A.N.T.를 적용해 꾸준히 나아간 결과, 행복실천 강의는 내 평생을 바칠 소명이 되었다. 게다가 지금 이렇게 그 이야기를 글로 쓰고 있으니 더할 나위 없이 좋지 않은가? 나는 본업인 약사로도 흡족하지만, 행복실천 강사라 불릴 때 더 큰 기쁨을 느낀다는 사실을 숨기기 어렵다.

나는 W.A.N.T.를 이렇게 사용했다.

Wade: 원하는 일을 제대로 찾는 것이 시작이다. 단순히 생각하는 차원이 아니라 물길을 헤치고 나아가듯 온 힘을 다해 진짜 내가 가고 싶은 길을 찾아야 한다. 평소 천사님한테 "평생 한 가지 일만 해도 즐거운 일을 찾고 싶어요."라고 입버릇처럼 말했다. 그리고 정말 열심히 찾았다.

나는 행복하게 살고 싶었고, 행복하게 사는 방법을 찾는 일이 무척 좋았다. 그 결과 원하는 일을 찾고 그 일이 삶의 중심이 되어 매일 감사한 날들을 보내게 됐다. 이제는 행복하게 사는 방법을 찾고, 실천하고, 공부하며 알리는 일을 하고 있다.

Act: 원하는 일을 찾았다면 이제 행동할 차례다. 나는 수없이 시도했고, 때로는 크게 실패하기도 했다. 당시에는 큰 고통이었지만, 시간이 흘러 실패는 상처가 아니라 힘이 되었다.

실패 없는 성공만으로 삶을 채울 수는 없다. 빌 게이츠나 마윈 같은 인물도 큰 실패를 새로운 전략으로 극복하며 힘을 얻어 원하는 바를 이뤘다.

분명한 사실은 하나다. 결과는 시도한 자만이 얻는다. 두려움에 시도조차 하지 않는다면 평생 원하는 바를 얻지 못한다. "버디 퍼팅은 반드시 지나가게 쳐라." 골프를 치는 사람은 누구나 한 번쯤 들어 봤을 말이다. 지나가는 퍼팅은 실패할 수도 있지만 성공할 수도 있다. 하지만 홀에 미치지 못한다면 100% 실패다. 실패 속에서 얻는 경험의 힘이 바로 '실패력'이다. 나는 그 힘을 믿기에 언제든 자유롭게 시도한다.

세상은 어떤 시도도 흔쾌히 받아 주는 놀이터다. 수많은 놀이기구를 두고 망설일 바엔 직접 타 보는 것이 빠르다. 그래야 내가 가장 좋아하는 놀이기구를 알 수 있고, 내 경험에 새길 수 있다. 성공이 의무가 되면 실패는 공포가 된다. 그러나 실패를 경험하며 실패력을 키운 사람은 안다. 성공은 보상이 아니라 실행의 길 위에 놓인 선물이라는 사실을. 나는 그 선물을 감사히 여기지만 단지 이를 위해서만 시도하지는 않는다. 실행의 결과가 궁금해 시도한다. 시도는 곧 성장의 밑거름이다.

나는 먼저 행복실천 강사가 되겠다고 선언했다. 명함을 파고 강의를 준비했다. 열심히 준비했더니 금방 기회가 생겼고, 그렇게 행복실천 강의를 시작했다. 시도했기에 길이 열렸고 원하는 일을 하게 되었다.

kNow: 행복실천 강의를 할 때면 사람들은 내가 정말 행복해 보인다고 말한다. 내가 직접 써 온 행복실천법을 알리는 시간이니 당연하다. 강의하면서 사람들을 만나는 동안 알게 된 사실이 있다. 많은 이들이 간절히 행복을 원하면서도 실천에는 서툴다. 입으로는 행복을 말하지만, 눈은 성공을 좇느라 바쁘다. 성공이 행복을 가져다줄 것이라 믿기 때문이다. 나는 행복과 성공의 인과관계가 우리가 아는 것과 다르다는 사실을 깨달았다. 행복과 성공은 아주 작은 교집합일 뿐이다. 행복을 목적으로 하는 성공은 잠시 행복할 수는 있어도 그 뒤에는 대체로 노력의 고통이 자리한다.

진짜 행복은 대부분 성공과 무관한 자리에 있다. 욕심 없는 아이들의 미소, 이름 모를 들꽃, 청량한 하늘과 시원한 바람, 나를 향해 손 흔들어 주며 반갑게 맞이하는 가족까지. 이게 내가 행복을 실천하며 얻은 깨달음이다. 약사인 내가 아무리 약을 공부해서 알더라도 그 약을 직접 경험했을 때의 깨달음을 얻을 수는 없다. 행복도 마찬가지다. 아는 것을 넘어 실천하고 깨달아야 하기에 내 경험을 바탕으로 한 깨달음을 전해 주고자 한다. 이 또한 경험을 통한 깨달음이다.

Think: 흡족할 방향을 찾고 실천하여 깨달음까지 얻었다면 언제까지 이 일을 이어가고 싶은지 스스로 원하는 만큼의 답이 나올 때까지 몰입하여 고민한다. 이 순간, 앞으로 펼쳐질 여정의 시간과 속도가 정해진다. '좋아하는 한 가지 일만 평생 하면 좋겠다.'는 나의 말이 이 때문이다. 나에게 몰입하기에 최상의 조건은 내가 진정 원하는 일이다. 행복을 실천하는 방법을 죽을 때까지 배우고, 실천하고, 나누고 싶으니 몰입할 수밖에 없다.

몰입이 어렵다고 할 수도 있지만 누구나 이미 몰입을 경험했을 가능성이 크다. 인생에서 엄청난 문제에 부딪혔을 때 모든 일을 멈추고 해결 방법을 찾는 데 집중한 경험이 있다면, 당신은 이미 완벽한 몰입에 빠진 경험이 있다. 나 역시 삶의 위기에서 벗어나고자 몰입했고, 이제는 그 몰입을 위기에 쓰는 게 아니라 기회에 더 많이 쓰고 있다.

내가 좋아하는 '삶'이라는 최고의 오락을 잘하고 싶어 아홉 살 원식이만큼 몰입하고 있다. 요즘은 '삶'을 멋지게 사는 사람들을 보면 그렇게 부러울 수 없다. 나도 그 '삶'이라는 오락을 짜릿할 만큼 잘하고 싶다.

나는 이제 내가 원하는 일을 W.A.N.T. 할 수 있다.
나는 이제 내가 원하는 삶을 W.A.N.T. 할 수 있다.

Be happy to do W.A.N.T.

 W.A.N.T.를 사용하면 원하는 일을 원하는 만큼 이루는 것이 쉬워진다. 하지만 단순히 방법만 훌륭하다고 모든 일이 쉽게 이루어지지 않는다. 방법을 잘 쓰려면 이를 잘 쓰는 힘이 필요하다. '열정' 또는 '의욕'으로 표현하는 이 에너지야말로 원하는 일을 이루고자 하는 근본이자 필수다. 그리고 무엇보다 중요한 점은 이 에너지의 원천이 행복이라는 데 있다.

 행복은 단순히 감정에 머물지 않고 행복 에너지라는 연료를 만든다. 이 연료가 있어야 노력이라는 엔진이 돌아간다. 그렇다면 행복하기 위해서는 무엇을 해야 할까? 행복은 실천할 때 에너지가 만들어지니, 행복을 쉽게 실천하기 위해 자신만의 습관을 갖는 것이 가장 좋다.

 말은 쉬우나 나 역시 행복실천습관을 완성하는 데 30여 년의 긴 세월이 걸렸다. 잘못된 방법으로 무턱대고 노력하느라 고통을 참고 견딘 적도 많았다. 내 삶을 효율적으로 살게 해 준 W.A.N.T.도 에너지를 만들지는 못했다. 내 에너지의 정체가 무엇인지 알기 전까지 나는 그 에너지를 성공에서 찾으려 애썼고 막다른 길에 멈춰서기도 했다. 그러나 매번 나를 고통에서 건져 낸 것은 행복한 감정이었다. 결국 나는 그 에너지의 원천을 행복이라 확신하고, 그 감정을 만드는 경험을 하나씩 모아 행복실천습관으로 정리했다.

행복 에너지를 만드는 습관들은 특별하지 않다. 누구나 다 알고 이미 어디에선가 사용하고 있는 것들이다. '매사에 감사하기'나 '가족과 함께하기'가 삶을 행복하게 해 주는 것을 모르는 사람이 있을까? 나만의 특별한 습관이 있다면, 절망의 끝에서 나를 구해 주고 나를 나답게 살게 해 준 습관인 '내 마음에 솔직하기'와 내게 행복한 성장의 요술봉이 되어 준 '나에게 몰입하기'가 있다. 그 외에 나 스스로 충분히 행복할 방법을 넘어 내 주변과 함께할 '위로하고 칭찬하기'나 '남에게 공감하기'도 있다. 이 습관들이 내가 필요할 때마다 행복 에너지를 끊임없이 공급했기에 나는 W.A.N.T.를 써서 노력이라는 엔진을 효율적으로 돌릴 수 있다.

행복은 주관적이기 때문에 내 습관 또한 주관적이다. 다만 행복은 보편적 가치이기에 내 습관 중 자신에게 맞는 습관을 사용하면 좋겠다. 적어도 한 사람의 고통과 실패, 그리고 죽을 듯한 괴로움에서 벗어나 살려고 찾아낸 '희망'이기 때문이다. 나와 같은 경험을 했거나 했던 사람이라면 충분히 효과적이다. 더 나아가 본인에게 맞는 행복실천습관을 W.A.N.T.로 업그레이드 하면 좋겠다.

반드시 이루고 싶은 일을 하나 떠올려 보자. 그리고 그 과정을 마음속에 그려 보자. 어떤 이는 원하는 삶을 살기 위해 참고 버티며 일하고, 다른 이는 원하는 일을 위해 힘든 삶을 견디며 살아간다. 그러나 이 힘을 단지 노력에만 기대다 결국에 포기하는 사람도 많다. 반대로 행복실천습관으로 에너지를 충전한 사람은 원하는 삶을 살기 위해 '행복하게' 일하고, 원하는 일을 하기 위해 '행복하게' 산다. 행복한 사람이 성공할 가능성이 높다는 연구 결과가 이를 뒷받침한다. 행복하기 위해 노력하는 것과 행복하니까 노력하는 것, 어느 쪽이 더 힘이 되는지 우리 모두 이미 알고 있다.

원하는 삶이나 일을 이루려면 W.A.N.T.로 노력의 효율을 높이고, 그 노력을 계속 이어가려면 행복 에너지가 필요하다. 결국 행복 에너지가 있어야 노력할 수 있다. 그렇다면 이제 행복이 쉬워지는 행복실천습관 HAPPITS(Happy habits)를 알아보

자. HAPPITS는 행복 에너지를 채우고 그 에너지로 노력이라는 엔진을 효율적으로 돌려 원하는 삶에 가까워지게 만드는 방법이다. 그러니 함께 행복실천습관 HAPPITS를 써서 노력이 아닌 습관으로 행복을 마음껏 누리고 그 에너지로 원하는 바를 반드시 이루기를 응원한다.

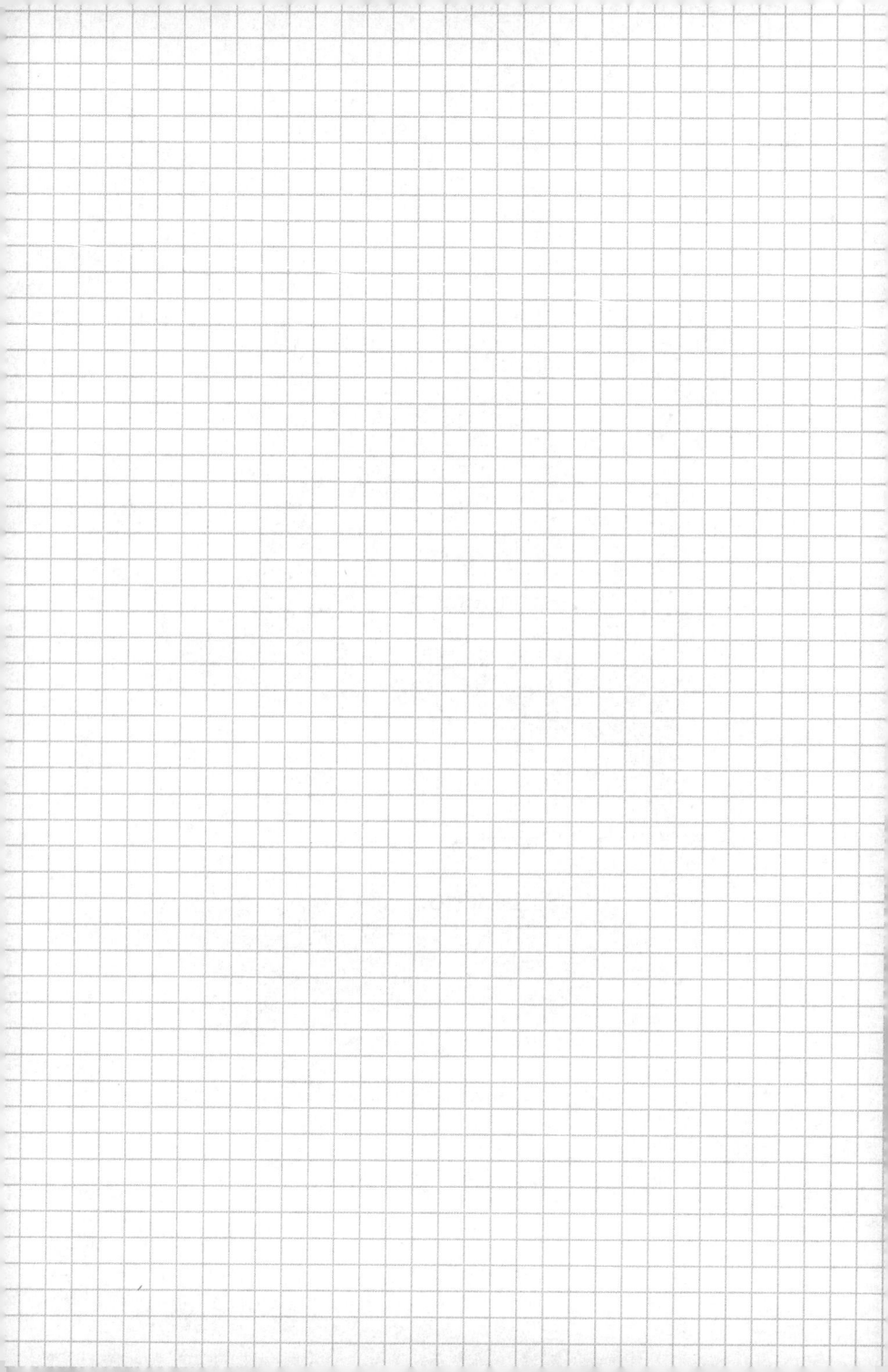

Heart

Attachment

aPpreciation

Praise and comfort

Immersion

Togetherness

Satisfaction

II

행복이 쉬워지는
일곱 가지 습관
HAPPITS

왜 행복하고 싶을까?
나를 살게 하는 일곱 가지 습관
첫 번째 습관, 내 마음에 솔직하기(**H**eart)
두 번째 습관, 가족과 함께하기(**A**ttachment)
세 번째 습관, 매사에 감사하기(a**P**preciation)
네 번째 습관, 위로하고 칭찬하기(**P**raise and comfort)
다섯 번째 습관, 나에게 몰입하기(**I**mmersion)
여섯 번째 습관, 남에게 공감하기(**T**ogetherness)
일곱 번째 습관, 다 함께 건강하기(**S**atisfaction)
진정으로 행복한 사람들의 습관, 겸손하기

왜 행복하고 싶을까?

중년 이상의 어른에게 타임머신을 타고 언제로 다시 돌아가고 싶은지 물어본다면 많은 이들이 20대를 꼽을 것이다. 그만큼 '행복한 시절'로 기억하기 때문이다. 20대는 미완의 어른이라 불안하고, 모든 게 부족한 결핍의 시기다. 그럼에도 20대가 좋은 이유는 무엇이든 할 수 있다는 자신감과 미래에 대한 희망을 품을 수 있기 때문이다.

그러나 나의 20대는 내가 만든 불행의 시절이었다. 미래가 보장된 직업을 갖게 될 것이라는 주변의 평가로 얻은 짧은 기쁨에 취해 평생 행복이 보장된 듯 착각에 빠져 살았다. 동시에 의미 없는 쾌락이 노력에 대한 보상이라는 잘못된 생각에 빠져 살았다. 그렇게 소중한 시간이 흐르는 동안 더 이상 성장하지 않는 나를 돌아볼 생각도 하지 않았고, 성장하려는 의지조차도 없었다. 결국 무의미한 시간으로 채운 20대는 원하지 않는 삶이 나의 주인이 되도록 방치한 셈이다. 사회생활을 시작하면서 대학 시절을 반성하며 진심으로 일하겠다는 다짐도 해 봤지만 오래 가지 못했고, 다시 한심한 청춘을 보내고야 말았다.

이후 죽음을 생각할 만큼 바닥을 치고 나서야 삶의 소중함을 깨달을 수 있었다. 다행히도 불행의 마디마다 나를 건져낸 습관들 덕분에 지금은 행복하게 살고 있다. 나는 이 습관을 행복실천습관이라 이름 붙였다.

그중 첫 번째 습관은 내 목숨을 지켜준 습관이다. 더 이상 나를 좋아할 수 없을 무렵 죽음을 떠올리고 있는 나 자신을 보았다. 그때 '죽기 전에 무엇을 하고 싶은가?'라는 생각이 문득 들었다. 내 마음에 솔직하게 물어본 대답은 의외였다. 학창 시절 즐겨하던 펌프라는 리듬 게임이었다. 좋아하면서 잘하는 일, 그리고 나를 웃게 하는 일이 죽기 전에 하고 싶은 일이었다. 하고 싶은 일이 떠오른 즉시 오락실로 가서 500원짜리 10개를 바꿔 열판을 내리 했다. 두 시간쯤 흘렀을까? 죽고 싶었던 마음은 오간 데 없이 땀에 젖은 채 즐거워하는 나를 보았다. 죽고 싶을 만큼 괴로운 내 삶에도 행복이 남아 있었다. 내가 원하는 일을 한 가지라도 실천하니 행복한 감정이 들었고, 행복을 느낀 순간 살고 싶은 마음이 생겼다.

바닥을 치고 나니 더 높이 날아올랐다. 좋아하고 잘하는 일을 할 때마다 삶은 신기하고 즐거운 여행이 되었다. 이렇게 하나둘 모은 나를 살게 하는 습관들이 행복실천습관이다.

　행복실천습관은 지금 당장 실천하는 습관이다. 과거를 후회할 이유도 미래를 걱정할 필요도 없다. 걱정은 이르고 후회는 늦다. 행복하고 싶다면 바로 지금 자신을 살게 하는 행복실천습관들을 모아 규칙으로 삼고 지키면 된다. 『행복의 기원』의 저자 서은국 교수의 말처럼 '행복은 생존을 위한 도구'다. 이제 내가 쓰는 방법을 꺼내겠다. 마음에 들면 함께 쓰고, 더 좋은 자신만의 방법을 찾는다면 그것을 쓰면 된다. 행복하지 않으면 생존이 어렵다. 나는 살아남기 위해서 행복하고 싶었다. 그리고 이제는 제법 행복이라는 도구를 쉽게 잘 쓰는 사람이 되었다.

나를 살게 하는 일곱 가지 습관

　행복실천습관은 30년 넘는 시행착오와 깨달음 끝에 얻은 내 삶의 동아줄이다. 나는 삶의 구렁텅이에 빠져 바닥까지 추락했고, 불행 속에서 모든 것을 포기하려 했다. 그러나 그때마다 이 습관들이 나를 붙잡아 다시 일으켜 세웠다. 덕분에 내가 원하는 나를 지킬 수 있었고 더 이상 원하지 않는 삶에 빠지지 않게 되었다.

　나를 찾아온 불행을 받아들이고 내 것으로 만들 수 있다면 어떤 행복도 자유롭게 내 것이 된다. 나를 구해 준 이 습관들은 이제 나를 자유롭게 한다. 내게 행복실천습관은 목숨과도 같다.

　내가 30년 넘게 고르고 다듬어 완성한 '행복이 쉬워지는 일곱 가지 습관' HAPPITS(Happy Habits)는 다음과 같다.

H = Heart, 첫 번째 습관 = 내 마음에 솔직하기
A = Attachment, 두 번째 습관 = 가족과 함께하기
P = aPpreciation, 세 번째 습관 = 매사에 감사하기
P = Praise and comfort, 네 번째 습관 = 위로하고 칭찬하기
I = Immersion, 다섯 번째 습관 = 나에게 몰입하기
T = Togetherness, 여섯 번째 습관 = 남에게 공감하기
S = Satisfaction, 일곱 번째 습관 = 다 함께 건강하기

행복실천습관 HAPPITS는 남보다 빠른 성공 비결이 아니다. 나는 그런 요령을 거의, 아니 전혀 모른다. 한때는 자신감과 노력이면 충분히 성공의 주인이 될 것이라 믿었다. 그래서 좋아하지 않거나 잘 알지 못하는 길이라도 성공을 향한다면 어떻게든 해내야 한다고 착각하며 살았다.

남들보다 앞서려고 무리하게 노력하다가 성공이라는 트랙에서 굴러떨어진 뒤, 실패의 고통을 받아들이고 나다운 삶을 살고자 끝없이 고민했다. 그 과정에서 나를 사랑하는 법을 배웠고, 실패가 나를 무너뜨리지 않도록 스스로를 지켰다. 결국 나로서 살 방법을 정리한 것이 HAPPITS다. 이 습관은 성공이 아니라 행복하게 살기 위한 나만의 지침이다.

다행히 이 지침으로 좀 더 나다운 삶을 살게 되었고, 내일이

궁금한 오늘을 살고 있다. 이제는 좋아하고 잘하는 일을 좇고, 좋아하지 않는 일이나 잘 못하는 일을 억지로 하지 않는 삶을 살 수 있어 행복하다.

우리는 빠르게 성공하고자 정신줄을 꽉 움켜쥔다. 잠시라도 방심하면 누군가는 나를 앞질러 갈 것이라 여긴다. 노력한 시간만큼 더 빠르게 성공할 수 있다고 확신한다. 달리다 헛디뎌 뒤로 처지는 사람들을 볼 때마다 내가 아님을 감사하고, 두 다리에 더 힘을 주며 속도를 올리는 것을 미덕으로 여긴다. 나 역시 굴러떨어지기 전까지는 남들과 전혀 다르지 않았다.

하지만 멈춤이 생길 때마다 나를 구해 준 것은 내 마음에 솔직하게 묻는 일이었고, 그 덕분에 이제는 내 마음을 잘 알고 있다. 정신줄 대신 마음줄을 붙잡았기에 얻은 깨달음이다. 이제 나는 '속도보다 방향'을, '성공보다 성장'을 지향하며 행복하게 살아가는 사람이다.

나는 남들의 속도가 아니라 내가 원하는 방향으로 향한다. 남들이 매기는 성공이라는 성적표가 아니라 내가 즐거운 성장의 시간을 누리며 주관적으로 안녕한 삶을 살고 있다.

성공하지 못할까 봐 두렵고 남들의 속도를 맞추기 버거운 사람에게 이 행복실천습관은 특히 더 유용하다. 이 습관을 함께하다 보면 누구나 자기에게 맞춘 행복실천습관을 만들 수 있으니 힘들게 똑같이 따라 할 필요조차 없어지기 때문이다.

행복이라는 이름의 스마트폰이 내 손에 있다고 생각해 보자. 공통으로 쓰는 필수 앱으로 시작하더라도 결국 각자 자신의 앱(방향)을 설치하고 자신의 방식대로 잘 쓰는(성장) 법을 찾게 된다. 행복실천습관이 그렇다. 마음줄을 잘 붙잡으면 자신에게 꼭 맞는 '나만의 행복실천습관'을 만들 수 있다.

내 행복에는 HAPPITS라는 일곱 개의 실천습관이 준비되어 있다.

첫 번째 습관,
내 마음에 솔직하기(Heart)

'이성'은 인간과 동물을 가르는 가장 큰 차이로, 우리가 더 효율적으로 살게 해 준다. 아무리 화가 나도 이길 수 없는 싸움은 피하고, 기분이 나빠도 이득을 위해 감정을 눌러 참기도 한다. 그러나 이성은 완벽하지 않다. 감정을 누르다 보면 마음을 들여다볼 기회를 놓치고, 정작 받아들여야 할 때는 그 감정을 문제로 여겨 해결하려다 일이 더 꼬이기도 한다. 내가 원하는 삶을 찾는 길이 눈앞의 문제보다 덜 중요하게 느껴지는 것이 그렇고, 거절이 두려워 고백을 미루다 마음을 전할 기회를 영영 놓치는 경우가 그렇다. 삶은 선택이라는 양팔저울 위에 이성과 감정을 달아보는 일의 연속이 아닐까?

나는 사춘기의 중·고등학생 자녀를 둔 아빠이기에 또래 학생들을 가르치는 강사로 활동하는 데 진심이다. 청소년기 학생들은 아직 이성적으로 미성숙하나 감정은 어른 못지않게 성숙해 있다. 그래서 이들의 감정을 최대한 존중하면서 아직 미성숙한 이성의 취약함을 차분히 알려 주고자 애쓴다.

"너희가 아직 어른의 이성을 갖추지 못했으니, 때로는 감정에 맞지 않더라도 너희들의 미래를 위해 어른들의 이야기를 귀담아들었으면 좋겠어. 그게 아직 미성숙한 이성의 단점을 보완하고 어른의 뇌를 빌려 쓰는 좋은 방법이란다."라고 이야기하면 '아, 그렇구나.' 하는 눈빛을 보게 된다. 실제로 이성을 담당하는 전전두엽(전전두피질, prefrontal cortex, PFC)은 25세 무렵까지 성숙하기에 그전에는 '혈기'라는 감정에 치우쳐 비이성적 결정을 내리기 쉽다.

고등학생 때의 나는 어른들의 기준을 잘 따르는 학생이었다. 말을 잘 들으면 좋은 기회를 얻는 경험을 자주 했으니 어찌 보면 당연했다. 성숙한 어른의 이성적 판단을 믿고 당장 즐거움을 좇기보다 미래를 위해 참고 노력했다. 이성과 감정이 잘 합의한 셈이다. 그 결과 원하는 대학에 진학해 더 나은 기회의 문을 열었다.

대학에 들어가자 이야기가 달라졌다. 자기 앞가림을 할 것이라는 어른들의 기대와 달리 나는 여전히 미숙했다. 대학에 들어가면 인생 문제가 모두 해결될 줄로 착각했다. 고삐 풀린 망아

지처럼 마음 내키는 대로 살았다. '멋대로 살되 함부로 살지 말자.'라는 미숙한 좌우명에 기대어 무의미한 쾌락에 빠져 세월을 흘려보냈다.

올바른 방향으로 가려면 이성의 판단이 필요했지만 무책임하고 편안한 삶만 좇는 감정을 따랐다. 결국 원하는 삶을 찾지도, 살지도 않았기에 원하지 않은 삶을 사는 벌을 받았다. 그것도 인생에서 가장 푸른 20대에.

무책임한 감정의 대가를 치른 뒤 생각에 빠졌다.

'어떻게 살아야 할까?'

여러 번 고쳐 물은 결과, 어리석은 감정이 아닌 현실적인 이성을 따르며 살기로 결심했다. 남편이자 아빠가 된 뒤에는 더더욱 이성적으로 미래를 그리며 앞만 보고 성실하게 살았다. 가족의 행복을 위해 더욱 정신을 바짝 차려야 한다고 믿었다. 남보다 더 나은 삶, 더 빠른 삶이 옳은 방향이라 여겼고, 힘들더라도 더 노력할수록 더 큰 보상을 받으리라 믿었다.

하지만 감정을 무시하는 시간이 쌓이자, 몸과 마음이 삐걱거리기 시작했고 어느새 돌이킬 수 없을 지경에 이르렀다. 앞만 보고 달리게 한 정신줄을 놓고 보니 마음줄은 이미 끊어져 있었다. 30대의 끝에서 나는 다시 물었다.

'너, 어떻게 살고 싶어?'

아이들이 커 가면서 더 많은 돈이 필요할 것이라는 생각도, 남들보다 열심히 노력해서 빠른 성공을 꿈꾸던 시간도 나의 행복이 아니었음을 깨닫자 모두 내려놓을 수 있었다. 1년을 멈춰서서 '내가 원하는 진짜 삶'을 바라보았다. 나는 양극단을 경험하고 나서 이성과 감정은 서로를 지키기 위해 존재한다는 사실을 배웠다.

40대에 이르러 안정적이고 평안한 삶을 살았다. 이대로 평생 이어질 것 같았지만 삶은 다시 나를 단련시켰다. 코로나19는 외부의 환경에 나약해지는 나를 제대로 바라보게 했다. 그리고 어떻게 해야 자신을 지키고 더 나아가 성장시킬 수 있는지 가르쳤다. 약국이 망했을 때는 다시 일어날 수 없을 것 같은 기분이었지만, 막상 힘든 시간이 닥쳐도 나는 스스로를 성장시키기 위해 심리학을 공부했다. 무리한 투자와 실패로 경제적·정신적 고통을 받았지만, 그 이유가 이성과 감정의 균형을 깨버린 내 잘못이라는 사실을 깨닫고 겸허하게 수용했다. 끝까지 두 손을 움켜쥐었다면 지금의 나는 없었다. 두 손을 펼 수 있었던 가장 큰 이유인 가족에 대한 사랑, 그리고 가족이 내게 주는 사랑을 두 손이 아닌 가슴에 품고 다시 일어날 수 있었다. 그렇게 다시 나에게 물었다.

'너는 진정 어떤 삶을 살고 싶어?'

내가 진정 원하는 것은 행복한 가족을 지키며 좋은 약사로서 사는 것임을 다시 깨닫고, 그렇게 지금은 행복한 삶을 넘어 행복실천 후기를 사람들에게 알리는 사람이 될 수 있었다. 그리고 언제 어디서든 성공과 실패가 아닌 내 마음을 들여다보는 삶을 살게 되었다.

어느 날, 30대 초반의 약사가 나를 찾아와 물었다.
"저는 열심히 노력했지만 실패했습니다. 정말 진심으로 노력했는데 실패하니 무엇을 어떻게 해야 할지 막막합니다."
'열심히 노력해서 성공해야 한다는 생각'과 '내가 원하는 삶을 알지 못해 답답한 마음'을 갖고 있는 모습에 과거의 내가 보였다.
"어떤 약사가 되고 싶으신가요?"
실패로 좌절한 어두운 표정이었음에도 질문에 답하는 그의 눈빛에는 진심이 담겨 있었다.
"행복한 약사가 되고 싶습니다."
우리는 여덟 번의 수업을 함께하며 진정 원하는 삶이 무엇인지 본인의 마음에 솔직해지는 시간을 가졌다. 시간이 흘러 그 약사는 행복한 약사가 되기 위해 행복한 사람으로 살아가는 중이며 나와 함께하는 든든한 파트너가 되었다.

〈첫 번째 습관, 내 마음에 솔직하기〉는 삶의 나침반이다. 길을 잃고 헤매도 나침반 덕에 방향을 바로잡을 수 있다. 내 마음에 솔직하기를 이야기하면 사람들은 한결같이 '솔직하고 싶어도 말처럼 쉽지 않다.'고 한다. 내 마음에 솔직하기를 제대로 이해하지 못했기 때문이다. 내 마음에 솔직하기는 내키는 대로 사는 일이 아니다. 이성적 사고와 함께할 때만 실천할 수 있다.

이 습관은 중요한 상황에서 결정할 때, 이성으로 판단이 서지 않거나 이성만으로 풀리지 않는 순간에 큰 힘을 발휘한다. 삶의 진로를 정할 때 마음의 소리를 듣게 하고, 이성으로 가던 길이 벽에 막히면 돌아설 용기를 준다. '멋대로 살되 함부로 살지 말자.'라는 미숙한 좌우명을 방패 삼아 무책임한 쾌락만 좇던 20대의 삶을 벗어날 때도, '하고 싶은 일은 반드시 한다.'는 좌우명으로 감정을 무시한 채 열심히만 살라고 나를 다그치던 30대 때도, '두 손을 펴고 마음껏 살다.'라는 좌우명을 지키지 못해 무모한 욕심으로 자신을 힘든 시간에 빠뜨린 40대에도, 늘 나를 구해 준 것은 〈첫 번째 습관, 내 마음에 솔직하기〉였다.

단, 내 마음에 솔직하려면 반드시 결과를 책임질 용기가 있어야만 한다. 미래를 알 수 없는 불확실한 상황에 이성은 종종 멈춤 신호를 보낸다. 결국 갈 길을 정하는 것은 마음이기에 마음의 소리를 들어야만 원하는 방향으로 갈 수 있다. 물론 원하는 방향이 결과적으로 옳은 방향이기만 할 수는 없다. 다만 적어도 원하지 않은 길을 선택해서 생기는 후회는 줄일 수 있다.

내 마음에 솔직하기 연습은 쉽고 작은 일부터 시작한다. 매일 아침 '내가 하고 싶은 일'을 하나 떠올린다. '오늘은 오랜만에 기분이 좋아질 요리를 해 볼까?', '오늘은 약국에서 사람들을 최대한 웃겨 보자.' 등등, 내가 원하는 일을 한 가지라도 마음에 담으면 그날은 내가 원하는 감정에 맞는 삶으로 자연스레 흐른다. 그렇게 하루를 마음과 맞닿게 사는 연습이 '내 마음에 솔직하기'를 익히는 가장 좋은 방법이다.

반대로 연습이 없으면 중요한 순간에 마음을 따르기 어렵다. 그러니 힘들고 막막할 때 '어떻게 해야 하지?'를 묻기보다, 평소에 마음이 편안한 상태에서 원하는 일을 묻는 연습을 하는 게 좋다. 연습을 반복하면 삶의 갈림길에 서더라도 이성적 판단과 함께 내 마음에 솔직하게 결론을 낼 수 있어 후회하지 않을 준비를 하게 된다. 나 역시 이런 연습 덕분에 언제나 편하게 마음속을 들여다보는 사람이 되었다.

나는 행복실천 강사로 활동하며 '내 마음에 솔직하기'를 실천하고 있다. "잘은 못하지만, 열심히 노력하겠습니다."라는 말보다 "좋아하는 만큼 열심히 즐겨 보겠습니다."라는 표현을 쓴다.

내가 좋아하는 일이니 그만큼 잘하고 싶어서다. 돌이켜 보면 나를 행복하게 한 일은 대부분 좋아하고 잘하는 일이었다.

사람들 앞에서 말하기를 좋아하고 다른 사람들이 행복해하는 표정을 사랑하기에 행복실천 강의는 내가 가장 좋아하면서 잘하는 일이다. 대단한 강사가 되기를 바라지 않는다. 다만 내가 좋아하는 만큼 성장하는 날들을 즐기며 내 마음에 솔직하게 사는 요즘의 나를 응원할 뿐이다.

오늘도 내 마음에 묻는다. 무엇이 나를 살게 하는가?

두 번째 습관,
가족과 함께하기(Attachment)

　행복실천습관(HAPPITS)은 내 경험에서 나온 주관적 방법이다. 이 말을 먼저 꺼낸 이유는 〈두 번째 습관, 가족과 함께하기〉를 설명하기 위해서다. 내게는 부·명예·권력으로 상징되는 멋진 성공보다 가족과 함께하기가 절대적으로 우선한다. 20대의 외로운 시절 처음 본 영화 『패밀리 맨』을 지금도 자주 볼 만큼, 가족과 함께하는 행복은 언제나 내게 최고의 가치다. 고독의 가치를 알기 전까지 혼자 있는 시간이 늘 두려웠다. 혼자만의 시간은 외로움이자 괴로움이었다. 언제나 사람들과 함께 있기를 원했고 인정욕구까지 더해져 항상 칭찬받기를 바랐다. 지나친 인정욕구는 나를 더욱 외롭게 했다.

　지금도 혼자보다 함께할 때가 더 좋다. 다만 예전의 나는 외로움을 피하고 싶기만 했다면 지금의 나는 원하는 만큼 고독을 누릴 줄 안다. '가족과 함께하기'는 두 가지 뜻이 있다. 하나는 같이 머무는 물리적인 시간과 공간이고 다른 하나는 가족을 우선하는 마음이다.

누군가에게는 화창했을 20대, 나를 암울하게 했던 단어는 '외로움'이었다. 나는 그 시절 대부분을 홀로 살았다. 어릴 적부터 일하시는 엄마를 졸졸 따라다니며 "엄마, 엄마!"를 부를 정도로 혼자 있기를 싫어하는 성격이라 낯선 곳에서 홀로 지내는 삶에 적응하기가 힘들었다. 혼자 지내는 것이 싫었기에 홀로 있는 집은 머물고 싶지 않은 공간이었다. 정 붙지 않은 공간은 불안을 키워 곧 불행으로 변했다. 이제는 온 가족이 함께 살고 있어 이 이야기를 담담히 꺼낼 수 있다. 그래서 '가족과 함께하기'를 두 번째 습관으로 정했다.

가족과 함께하면 행복은 일상이 된다. 나는 아침부터 저녁까지 열 번은 가족과 포옹한다. 아빠 두 번, 엄마 두 번, 천사님 두 번, 큰아이 두 번, 작은아이 두 번. 포옹의 횟수만큼 마음이 푸근해진다. 하루에 한 번은 꼭 함께 밥을 먹는다. 아이들과 먹을 때도 있고 부모님과 먹을 때도 있다. 천사님과 데이트 핑계로 둘만 먹기도 한다. 사랑하는 사람과 함께 맛있는 음식을 나누는 일은 행복으로 가는 가장 빠른 길이다. 무엇보다도 함께 살면 제일 좋은 점은 그리울 틈 없이 매일 볼 수 있다는 것이다.

나는 매일 부모님 생각이 나면 곧장 찾아가 얼굴을 들여다보고, 손을 잡아 보고, 꼭 안는다. 그리고 "요즘 컨디션 어때요?"라고 물으며 눈을 바라본다. 아이들이 학교에서 돌아올 때나, 내가 퇴근해서 집에 돌아올 때에도 얼굴을 보며 "오늘 어땠어?"를 묻는다. "그렇게 빤히 보면 부담스러워요."라고 말하는 고등학교 1학년 딸의 표정에도, 아직은 아빠를 보면 두 팔을 벌려 안기는 중학교 1학년 아들의 표정에도 오늘 하루를 보낸 흔적이 묻어 있다. 천사님의 얼굴을 가만히 보고 있으면 무슨 고민과 걱정이 있는지 쉽게 알 수 있다. 가족의 표정으로 안부를 확인하고 편하게 마음을 놓는다.

함께 사는 일이 늘 행복하고 편하기만 한 것은 아니다. 내 시간과 공간을 내어놓아야 할 때도 있고, 나만의 시간을 지키기 힘들 때도 있다. 아침 운동 후 시원한 샤워가 간절한 순간에 어머니의 호출로 운전대를 잡기도 한다. 여유로운 새벽 독서를 꿈꾸다가도 아이들의 아침식사가 우선이 되기도 한다. 그래도 나는 언제나 함께가 좋다. 함께하며 얻는 안정감이 행복 에너지를 채워 주기 때문이다.

함께하는 가족이 주는 가장 큰 선물은 '자연스러운 역할의 대물림'이다. 성인이 된 후 나는 아버지와 관계가 좋지 않았다. 내 기억에 아버지는 어른인 나를 항상 중학생처럼 대하셨다. 내가 하는 모든 일이나 결정을 불안하게 생각하셨다. 반면, 나는 어릴 때부터 아버지께 인정받고 싶어 부단히 노력했지만 불가능한 일이었다.

이러한 부자지간의 매듭은 아버지의 환경을 이해하고 나서야 풀렸다. 아버지는 여섯 살 때부터 증조할머니(내게는 고조할머니다.) 밑에서 자랐다. 아빠도 엄마도 없이 둘만 지내던 어린아이가 증조할머니까지 돌아가신 후에는 혈혈단신 고아로 지냈기에 어른이 되는 법을 가르쳐줄 사람도, 돌봐줄 사람도 없었다. 그렇게 아버지는 짧은 시간이나마 증조할머니께 배운 방식대로 삶에 최선을 다하셨을 뿐이었다. 이 사실을 알고서 더 이상 아버지를 원망하거나 인정받기를 바라지 않았다. 오히려 지금의 내 나이와 비슷한 시절의 아버지를 생각하고 친구로서 아버지를 응원하기 시작했다. 아이들의 아빠가 되고 나서, 아빠를 어떻게 응원하면 행복해지는지 아이들에게 배웠기에 그대로 실행했다. 멋진 아버지의 모습을 칭찬하고, 자식에게 숨기고 싶은 실수나 잘못을 감싸고 위로하며 나는 '아버지와 아들'에서 '아빠와 아들'로 부쩍 가까워졌다. 이런 내 경험은 나로 끝나지 않는다. 내 아이들도 마찬가지로 나를 보고 느끼고 깨달으며 어른으로 성장하게 될 것이다.

나는 가족의 사랑으로 방황을 멈췄다. 서울에서 보낸 12년이 외로웠음에도 내가 버틴 힘은 가족의 품으로 돌아갈 희망이었다. 서울 생활 중 불가피한 상황을 빼면 매일 아침저녁으로 집에 전화했다. 남들은 효도한다고 칭찬했지만 그게 아니었다. 내 전화는 엄마의 목소리로 살 힘을 얻고 싶은 목적이 있었다. 부모님의 안부를 물으면서 다시 함께할 날을 상상했고, 그렇게 외로움을 달랬다. 현실에서 물리적으로 가족과 함께하기가 쉬운 일은 아니다. 그나마 마음으로라도 함께하면 좋겠지만, 마음 속에서도 가족과 함께하고 있지 못할 때가 많다. 일도 사람도 눈앞에 보이지 않으면 잊히기 쉽다. 그런데 왜 보지 못하는 가족은 오래도록 그리울까? 가족이 늘 마음속 깊은 자리에 있기 때문이다. 가족은 언제고 마음에 있으니 내 마음을 들여다볼 때마다 그들이 보인다. 내 마음속 가족을 볼 때마다 후회할 것인가, 아니면 추억할 것인가? 적어도 단 한 가지 확실한 점은 직접 볼 수 없다면 자주 떠올리고, 떠올릴 수 있다면 단 한 번이라도 더 연락하는 게 가족과 함께하는 길이다. 나는 언제나 가족을 생각하면 힘이 난다. 방황의 끝에서도, 행복한 가정을 향해 한 걸음씩 내딛는 지금도 난 언제나 가족과 함께한다.

함께 있든 멀리 떨어져 있든, 가족을 생각하면 마음속에 늘 떠오르는 모습이 있다. 수년 전, 어떤 만화를 보고 한참을 뭉클

한 경험이 있다. 끈으로 가족의 일생을 표현한 만화다. 먼저 한 끈이 시작된다. 그리고 조금 있다 다른 한 끈이 시작된다. 그리고 한 끈은 먼저 끝이 나고 다른 한 끈은 계속 이어진다. 다른 컷에서는 두 끈이 먼저 시작되지만 두 끈 중 하나가 먼저 끝난다. 첫 번째 그림은 부모와 자식의 시간선을, 다른 그림은 부부의 시간선을 나타내는 만화다. 존재를 규정하는 것은 시간이다. 우리는 다른 장소에 있다는 이유로 같은 시간을 함께하고 있음을 자주 잊는다. 막상 같은 시간에 함께하지 못할 때가 되어서야 현실을 깨닫고 뒤늦게 슬퍼한다. 그러고 싶지 않다면 매일매일 마음속에 가족을 떠올리고 직접 표현하면 좋지 않을까? 힘든 순간에는 가족을 떠올리며 힘을 내고, 기쁜 날은 가족을 생각하면 기쁨이 두 배가 된다. 장소보다 중요한 것은 함께하는 시간이다. 삶을 함께할 수 있는 시간은 영원하지도, 길지도 않다는 사실을 잊지 않았으면 좋겠다.

가족과 항상 함께할 수 없는 사람은 생각보다 많다. 예전의 나처럼 가족과 떨어져 지내는 사람이나, 가족과의 시간선이 나뉘어 버린 사람이 그렇다. 가족(家族)의 다른 표현으로 식구(食口)가 있다. 끼니를 같이 하는 사람이라는 뜻이다. 나는 끼니를 함께 나누며 서로를 지지하는 사람들을 '식구'라 부른다. 내게는 서울 생활 시절 나를 지켜 준 식구들이 있다. 대학 시절 외롭지 않게 나를 챙겨 주시던 PC방 사장님은 지금도 형과 동생으로 잘 지낸다. 회사에 다닐 때 밥은 잘 챙겨 먹는지 물어보시던 세탁소 사장님, 일식집 사장님과도 자주 만나지 못해도 전화로 안부를 묻고 늘 서로를 챙긴다. "밥 먹었어?"라며 내가 잘 지내는지 안부를 물어보고 살갑게 챙겨 주신 이분들 덕에 나는 마음줄을 다잡고 삶을 지킬 수 있었다. 서로를 지지하고 위하는 사이가 식구다. 서로를 위하고 그들과 함께 밥을 먹을 때 행복하다면, 그들은 분명 당신의 식구다. 요즘 나는 집에서는 가족과, 일터에서는 식구와 함께하니 외로울 틈이 없다.

나는 마음줄을 단단히 지켜주는 사랑하는 이들과 함께한다.

세 번째 습관,
매사에 감사하기(aPpreciation)

강의할 때 목이 마르면 물 한 모금을 마시며 하는 말이 있다. "저는 이 한 모금의 물이 얼마나 감사한지 항상 느낍니다." 처음엔 다들 미덥지 않은 표정이다. 그때 다음 이야기를 전한다.

"다큐멘터리 3일의 감독이었던 박지현 작가의 책 『참 괜찮은 태도』에 이런 이야기가 나와요. 호스피스 병동을 취재하던 날이었습니다. 촬영을 쉬고 있던 작가에게 30대 초반의 성별을 구분하기 힘들 정도로 마른 환자가 다가와서는 물어보지도 않은 이야기를 시작합니다. '아침에 일어나서 물 한 잔 마시는 거에 감사해 보셨어요? 내 소원이 죽기 전에 물 한 잔만 시원하게 마시고 가는 거예요. 딱 한 가지 후회가 되는 게 있다면 좀 더 감사하면서 살 걸, 즐기면서 살 걸, 작은 일에도 기뻐하면서 살

걸 하는 거죠.'라고 말했다네요. 그 이야기를 알고 난 후 저는 물을 마시는 감사함을 항상 누리고 삽니다. 그리고 그 환자는 마지막으로 덧붙입니다.

'생이 허락한다면 남들처럼 나이 들어서 할머니가 되고 싶어요.'

나이 드는 것도 선택받은 자의 축복이에요. 우리 주변에는 나이 들지 못하고 떠나는 사람이 생각보다 많습니다. 제 친한 친구도 얼마 전에 하늘나라로 갔습니다. 저는 저와 제 친구를 위해서 나이 드는 행복을 누리고 있습니다."

감사의 힘은 우리가 생각하는 그 이상이다. 부모님께서는 내가 어릴 때부터 항상 "감사합니다."라는 인사를 잘하도록 교육해 주셨다. 이 능력은 커서 나의 가장 큰 강점이 되었고, 그 덕에 나는 남보다 감사할 일을 정말 많이 경험하며 산다.

감사하기가 효율적인 행복 수단이 되기 위해서는 반드시 '진심'이어야 한다. 감사하는 마음의 진정성은 이 세상이 바로 알아차리기 때문이다. 감사하는 마음은 감사할 일을 끌어당긴다. 물과 공기, 흙이 생명에 없어서는 안 되듯, 감사도 행복한 삶에 필수적이다. 감사는 세상을 보는 눈을 바꾸고, 삶을 움직이는 힘이 된다. 그래서 감사할수록 좋은 일이 더 잘 보이고, 실제로 더 자주 일어난다.

말이 씨가 되듯 감사는 행복이 된다.

열심히 살고 있는 나에게 왜 좋은 일이 생기지 않는지 고민이 된다면 감사라는 행복돋보기를 써 보면 좋겠다. 감사는 작은 행복을 크게 누리게 하고 삶을 찬찬히 살펴보면서 내가 놓친 행복을 깨닫게 해 준다. 내 외모가 대표적인 예다. 이 글을 보실 엄마께는 살짝 죄송한 마음이지만 나는 근사한 외모를 타고나지 못했다. 머리는 유달리 크고 다리는 짧다. 영화『슈렉』이 나왔을 때 내 별명은 단연 '슈렉'이었다. 한때는 '이 외모로 결혼할 수 있을까?'라는 걱정을 하기도 했다. 하지만 지금은 내 외모에 흡족하고 감사하며 산다. 다행히 외모를 보지 않는 천사님을 만나 행복한 결혼생활을 하고 있다. 아니, 얼굴값 할 일이 없기에 천사님의 선택을 받았을 수도 있으니 외모 덕을 톡톡히 본 셈이다. 요즘은 얼굴로 사람들을 즐겁게 할 수도 있다. "제가 강의에 특화된 얼굴입니다. 멀리에서도 잘 보이시죠? 그리고 제가 주변 사람들과 사진을 찍기 정말 좋은 얼굴이에요. 누구와 사진을 찍어도 상대 얼굴이 작아 보이는 '특수효과'가 장착된 얼굴입니다."

문화심리학자 김정운 교수가 '큰머리' 농담의 주인공으로 자주 언급하는, 대한민국 대표 인지심리학자 김경일 교수님과는 서로 다른 자리에서 세 번이나 사진을 찍은 적이 있다. 결과는 늘 같았다. 교수님은 내 덕에 사진 속에서 작은 얼굴로 웃고 있었다. 약국에 우연히 들른 김창옥 강사님과도 한 컷. '잘생김 한도 초과'의 그분 곁에서 나는 비교 불가능한 압승을 거뒀다. 서글서글하게 잘 웃는 편이라 큰 얼굴 덕에 웃음이 더욱 커 보이는 효과까지 있으니, 이 또한 감사한 일이다.

나는 정말 말이 많다. 말할 사람이 없어서 가끔 머릿속의 '나'와 수다를 떨다 보면 '혹시 다중인격인가?' 하고 웃을 때가 있다. 언제 어디에서든 쉬지 않고 떠들곤 한다. 강의 전에 입을 푸느라 한 시간, 강의 중에는 길게 세 시간까지, 강의 후에도 한두 시간 수다는 언제든 너끈하다. 그러다 뒤풀이까지 이어지면 밤이 짧다.

어릴 때 친구들이 말했다.

"말 좀 그만해라. 너 그렇게 말 많이 하면 친구들이 싫어해."

농담기 쏙 빠진 진지한 충고에 한동안 고민했다. 무엇보다 친구가 소중한 시기인 사춘기에 친구를 잃을 수도 없고, 그렇다고 그토록 좋아하는 말을 안 하고 살 수도 없었다.

심사숙고 끝에 내린 결론은 친구들이 좋아할 이야기를 찾는 것이었다. 평범한 중학생의 뻔한 자기 이야기를 들을 친구는 없을 터라 재밌거나 도움이 될 이야기를 찾고자 책을 읽기 시작했다. 더불어 자기 이야기만 하는 밉상이었던 자신을 자각하고 작전을 바꿔 친구들이 좋아할 '칭찬 세례'를 아낌없이 퍼부었다. 그러자 '말이 많아도 괜찮은 친구'가 되었고 그 시간이 쌓여 이제는 말하기를 업으로 삼는 강사가 되는 복을 얻었다.

『만일 내가 인생을 다시 산다면』 등 수많은 저서와 강연으로 널리 알려진 정신분석 전문의이자 작가인 김혜남은 내 기준에서 볼 때 행복돋보기를 잘 쓰는 대표적인 인물이다. 김 작가는 파킨슨 병을 진단 받은 뒤 삶을 대하는 태도가 달라졌다고 말했다. 자신은 파킨슨병이 아니었다면 세상의 아름다운 것들을 여전히 놓쳤을 것이고, 오히려 그것을 굳이 알아야 하나 반문했을 것이라 했다. 하지만 행복돋보기를 쓰는 지금은 지는 해의 아름다움도, 옆 사람의 손에서 느껴지는 따스함도, 삶의 소중함과 경이로움도 잘 알게 되어 감사하다고 했다. 행복돋보기의 이름을 바꾸라고 한다면 단언컨대 '감사하기'라고 하겠다.

이보다 확실하고 익숙한 행복실천법은 없다. 행복하려면 무엇이 중요한지 고민하던 고등학교 1학년 때, 행복해지는 습관으로 가장 먼저 '감사하기'가 떠올랐다. 뻔해서 재미없다고 느낄 수 있다. 그런데 우리는 왜 뻔한 행복을 실천하지 않을까? 행복을 바라기만 하면서 실천하지 않는 것이 자랑이 될 수는 없다. 행복을 원한다면 행복할 일을 찾고, 실행하고, 깨닫고, 고민하는 과정을 반복해야 한다. 50년에 가까운 내 경험에 비추어 볼 때 감사하면 확실하게 행복해지고 행복하면 잘 살 수 있다. 만일 행복을 위해 단 한 가지 습관만 고르라면 〈세 번째 습관, 매사에 감사하기〉를 추천한다. 나는 이 능력을 길러 주신 부모님께 깊이 감사드린다.

탈무드에서 가장 좋아하는 구절인 '진리를 구하는 자, 허리를 숙여라.'에 빗대어 나는 이렇게 말하고 싶다.

"행복하고 싶은 자, 감사할 이유를 찾아라."

우리가 들여야 할 수고로움은 그저 매사에 감사할 이유를 찾는 것뿐이다.

행복은 조건이 아니라 선택이다.
행복은 조건이 아니라 실천이다.
행복은 조건이 아니라 선택이자 실천이다.

네 번째 습관,
위로하고 칭찬하기(Praise and comfort)

〈네 번째 습관, 위로하고 칭찬하기〉는 내가 가장 좋아하는 삶의 기술이다. 방법은 간단하다. 내가 가장 듣고 싶은 말을 남에게 해 주면 된다. 다만 가끔은 좋은 의도라도 마음이 엇갈릴 때가 있다. 약국에서 있었던 일이다. 늘 단아하게 차려입고 오시는 어르신의 기분이 좋았으면 하는 마음에 "오늘 옷이 참 예쁘십니다. 어디 나들이 가시면 참 좋겠어요."라고 말씀드렸다. 그런데 눈이 동그래지더니 대뜸 "이 사람이 나이 든 사람 가지고 그렇게 농담하면 못 써요. 기분 나쁘게." 하셨다. 당황스러웠지만 좋은 마음이었기에 "기분 나쁘셨다면 죄송하지만 좋아 보여서 그렇게 말씀드렸어요. 마음이 좋지 않으시다면 사과드릴게요. 그래도 이렇게 잘 꾸미고 다니시니 참 좋습니다."라고 답해드렸다. 얼마 뒤, 다시 오셔서 "지난번에 좋은 말을 좋은 마음으로 해 줬는데 내가 심통 부려서 미안해요."라고 하셨다. 지금은 오실 때마다 자리를 잡고 앉으셔서 5분, 10분 여유롭게 웃으면서 이야기하신다. 막냇동생과 스무 살 넘게 차이가 나서 어릴 때는 동생을 딸처럼 키우셨고, 해방둥이로 태어나셨는데 중·고등학교도 다니기 힘든 시절에 서울의 명문대학까지 나오신 신여성이란 사실도 알게 됐다. 그렇게 사이가 좋아진 뒤로는 내 마음을 있는 그대로 받아 주시고 칭찬도 많이 해 주신다. "우리나라 사람들은 미안하다는 말도, 고맙다는 말도 잘 못해요. 그런데 이렇게 좋은 말을 하면 오해를 사지. 하지만 이게 굉장히 중요하고 매력적인 성격이에요." 내가 이분께 들은 최고의 칭찬이다.

양로원 어르신들을 대상으로 의약품 복용 눈높이 교육과 궁금증 해소 강의 요청을 받은 적이 있다. 의약품에 관한 내용도 의미가 있지만 이분들을 어떻게 하면 행복하게 해 드릴 수 있을까부터 고민했다. 그리고 진심을 전했다.

"아버님 어머님, 연세가 드시면서 힘이 약해지고 아픈 데가 많아 약도 늘어나니 속상하실 거예요. 그런데 그거 아세요? 제가 소원이 하나 있는데요. 저도 여기 계신 아버님, 어머님처럼 오래오래 살고 싶습니다. 우리 아버님, 어머님은 이미 성공한 삶을 사셨어요. 지금은 약으로 건강을 챙겨야 할 연세가 되셨지만, 여전히 잘 지켜나가고 계시니 참 훌륭합니다. 성공하신 거예요. 저도 꼭 아버님 어머님들처럼 오래오래 살고 싶습니다."

진심은 통했다. 강의 후 질문이 줄을 이었다. 건강관리를 자랑하시는 어르신들을 응원해 드리고 약을 잘 챙겨 드시면 더 건강해질 수 있다고 힘을 드렸다. 집에 돌아오는 길에 나도 어르신들처럼 오래 살겠거니 하는 희망이 샘솟았다.

약국에는 아픈 사람도 다친 사람도 많이 온다. 그럴 때 약사인 내가 할 수 있는 최선은 처방에 따라 의약품을 조제하고 상세한 복약지도로 올바른 복용을 돕거나, 일반의약품을 판매할 때 약리학적 타당성을 검토하여 적절한 약물을 선택하고 치료 방법을 알려 드리는 것이다. 나는 여기에 하나를 더 보탠다. 바로 위로와 칭찬이다. 얼굴을 다친 분께는 "눈을 안 다쳐서 정말 다행입니다."라고 말한다. 왼손에 깁스하고 오신 분께는 "오른손잡이세요? 천만다행이에요. 밥 먹다가 화날 일은 안 생기잖아요."라고 말한다. 이러한 칭찬과 위로의 효과는 놀랄 만큼 크다. 얼굴이나 팔을 다쳐서 속상한 사람은 천만다행이라는 말 한마디에 화난 표정이 누그러지고 금세 다행스러운 표정으로 바뀐다. 이뿐만이 아니다. 혈압약이나 당뇨약 같은 만성질환 약을 드시는 분들께 스스로 개선하려는 의지를 칭찬해 드리면 '더 나아지려는 인간의 본성'을 자극받아 약을 끊을 정도로 건강을 관리하는 분들이 되기도 한다. 칭찬이 고래를 춤추게 하는 것을 본 적은 없지만 사람의 몸과 마음을 건강하게 하고, 더 행복한 표정이 되는 모습을 자주 보고 있다. 위로와 칭찬은 아픈 사람도 행복하게 한다.

가까운 이들을 위로하고 칭찬하니 사람들이 기뻐하고 행복해지는 모습을 보았다. 그렇게 나는 '다른 사람도 행복하게 만드는 습관'으로 위로와 칭찬을 잘 쓰는 사람이 되었다. 칭찬과 위로가 쉽지 않아 고민인 사람들에게 나만의 비결을 전해 주고 싶다. 그것은 바로 '진심과 용기'다. 거짓 위로나 칭찬은 하지 않는 것, 그리고 상대의 기분이 좋아지길 바라는 마음이면 결과를 미리 따지지 않고 시도하는 것이다. 이 두 가지면 언제든 위로하고 칭찬하기를 잘 쓸 수 있다.

앞의 세 습관이 '나를 행복하게 하는 습관'이라면 네 번째 습관은 '남을 행복하게 함으로써 나를 행복하게 하는 습관'이다. 나를 행복하게 할 수 있으면 다음은 남과 함께 행복해지는 단계로 나아갈 수 있다는 의미도 된다.

나는 주변 사람들의 요청으로 상담을 종종 한다. 상담을 마치면 사람들이 "마음이 편해졌다. 힐링이 된다."고 말하는데, 문제 해결보다 위로하고 칭찬하는 데 더 많은 시간을 쓰기 때문이다.

사람들의 고민은 대부분 '복잡한 문제'보다 '복잡한 마음'에 있다. 신중히 내린 결정이 옳은 일인지, 자신의 결정을 누군가 잘못됐다고 말하지 않을지 두려워한다. 이 상황에서 결정을 지지하는 응원군이 되어 위로하고 칭찬하기를 쓰는 것이다. 인간은 누구나 '더 나은 사람이 되고자 하는 본능'이 있기에 나는 그 마음을 응원하는 응원부대가 된다.

사람들은 생각보다 칭찬에 인색하다. 하다못해 아빠를 꾸준히 조르고 졸라서 들은 첫 칭찬이 "이 녀석, 고기는 잘 굽네."였다. 두 번째 칭찬은 아직 못 들었다. 칭찬하면 하늘로 날아가 버릴 것 같기 때문이라는 말씀만 하신다. 사실이 그렇기에 반박할 수도 없지만 마음속으로 칭찬 많이 하고 계시리라 믿는다. 아이든 어른이든, 누구나 위로와 칭찬을 원하는 것은 분명하다. 남도 나도 함께 행복해지는 습관, 이 일은 내가 제일 좋아하며 잘하는 습관이 되었다.

하루는 천사님한테 나랑 결혼해서 좋은 점이 무엇이냐고 물었다.

"나를 항상 예뻐해 주고 좋아해 주니까 좋죠."

처음에는 어이가 없었다. 내가 그렇게 매력이 없었나? 그런데 곰곰이 생각해 보니 내 마음을 알아주고 내 칭찬을 받아 준다는 것이다. 이처럼 '위로하고 칭찬하기'는 마음껏 발산할 수 있는 매력이다.

아이들에게 좋은 아빠가 아니면 어쩌나 하는 걱정은 언제나 나의 마음을 조마조마하게 만든다. 특히 아이들이 어렸을 때 혼냈던 일이 마음에 걸려 불안한 마음에 아빠가 어떤 사람인가 물어봤더니 '무섭고 재밌는 아빠'라는 대답에 반은 후회, 나머지 반은 안도가 섞인 한숨을 쉬었다. 요즘은 재미는 없지만 항상 과하게 칭찬하는 다정한 아빠라는 평가를 듣고 있으니 다행이다.

세 살 버릇 여든 간다고, 칭찬받기를 좋아하는 나는 자주 셀프로 칭찬한다. 이 세상에는 나보다 잘난 사람이 참 많다. 그런 사람들 사이에서 의기소침한 사람을 만나면 위로하고, 용기를 북돋우고, 칭찬하기로 자존감을 높여 주고 싶다. 잘나지 못했다고 불행할 필요는 전혀 없으니까. 그러니 나와 내 주변이 다 잘난 기분으로 행복하게 살았으면 좋겠다. 이왕이면 함께 기분이 좋으면 더 좋지 않은가? 그래서 나는 오늘도 〈네 번째 습관, 위로하고 칭찬하기〉를 끝없이 쓰고 있다.

다섯 번째 습관,
나에게 몰입하기(Immersion)

1년을 온전히 한 가지만 골똘히 생각할 수 있다면 무엇을 고민할까? 인생에 박차를 가할 마흔한 살에 나는 가던 길을 멈추고 안식년을 가졌다. 내가 진정 원하는 삶은 무엇인가? 생업까지 내려놓았으니 내게는 배수진이었다.

남보다 빠른 성공이 내가 원하는 삶이 아니라는 사실을 인정하기까지 용기가 필요했다. 여태껏 경험하지 못한 느린 속도로 성공에서 멀어지는 삶에 흡족할 마음의 준비를 해야만 했기 때문이다. 넘어질까 두려워 더 빨리 달리지도 못한 채로 길을 잃었다는 사실을 인정했다. 설령 남보다 빠른 성공을 계속 원한다 해도 내 능력에는 버거웠다.

앞으로 어떤 길을 가야 할까? 답이 쉽게 떠오르지 않았다. 오랜 시간을 고민했다. 오직 나와의 긴 대화로만 얻을 수 있는 답이었다. 하루 종일 걸으며 생각도 많이 하고, 책도 뒤적거렸다.

천사님의 배려로 혼자만의 여행을 떠나서 가족과 떨어진 채로 몇 날 며칠을 완벽하게 고독에 빠져 보기도 했다. '내가 진정 원하는 삶은 어떤 삶이지? 나는 어떤 사람으로 살고 싶은 걸까?' 끝없이 생각하며 정답이 아닌 내 답을 찾아 헤맸다. 모든 것을 내려놓은 선택이기에 끝을 봐야만 했다. 꼬마 시절 주머니에 가득 담긴 구슬 중에서 가장 좋아하는 구슬을 찾으려 애쓰는 기분이었다. 분명 생김새는 알겠는데 비슷하기만 하니 꺼내고 넣기를 반복했던 그때처럼 원하는 답을 찾을 때까지 반복하는 수밖에 없었다. 지난 시간을 샅샅이 뒤지며 내가 행복했던 시간과 불행했던 시간을 한 톨 한 톨 되돌아봤다.

그 1년이 나를 '진짜 나'로 돌려놓았다. 나는 성공보다 행복을 택했다. 많은 이가 바라는 성공이 목표에 도달하는 것이라면, 내가 원하는 행복은 목표를 만드는 것이었다. 내가 원하는 일들을 마음껏 시도하고, 그 과정에서 성장을 누리는 것이 내가 바라던 삶이었다. 그래서 나는 두 손을 펴고 마음껏 살고 있다.

나는 외로움을 몹시 힘들어한다. 내게 외로움은 고통이자 괴로움이었다. 그 고통은 중독을 부른 주된 원인이기도 했다. 그런 내가 왜 혼자 있는 시간을 찾고, 홀로 여행까지 떠났을까? 원하는 삶을 찾으려면 '완전한 몰입'이 필요했기 때문이다. 남과 비교하고 남보다 빠른 속도로 성공하는 삶을 추구하다 멈췄으니, 진정 원하는 행복을 찾으려면 남을 벗어나 오직 나만의 미래를 그려야 했다.

안식년은 '혼자'를 두려움이 아닌 기회로 바꾸는 계기가 되었다. 내면의 나를 만나기 위해 혼자가 되어 삶의 문제에 몰입하니 답이 보이기 시작했다. 내가 원하는 삶을 살려면 남과 비교하지 않고 나와 비교하며 성장해야 하는 것을. 또한 내면과 소통할 때 고독의 시간은 외로움이 아니라 즐거움이라는 진리도 깨달았다.

내가 안식년에 얻은 최고의 경험은 삶의 방향을 결정할 때 빠진 몰입이었다. 그렇게 얻은 결론은 머리와 가슴을 명쾌하게 이어줬다. 그렇게 〈다섯 번째 습관, 나에게 몰입하기〉는 완성되었다. 나는 더 이상 불필요한 외로움에 빠지지 않는다. 혼자 있는 시간은 고독을 즐길 시간이다. 그리고 즐기는 고독은 몰입하기에 최적의 기회다. "좋은 삶의 특징은 자신이 하는 일에 완전히 빠져드는 것이다."라는 『몰입(Flow)』의 저자 미하이 칙센트미하이(Mihaly Csikszentmihalyi) 교수의 말이 아니더라도 '몰입할 때 나는 오롯이 나 자신이 된다.'는 사실은 명백하다.

사라진 고통의 뿌리는 '나를 미워한 나'였다는 사실을 깨닫는

데 긴 시간이 필요하지 않았다. 외로운 내 모습을 보기 싫어 내 안의 나와 대화를 피했고, 그 탓에 나를 알 기회도, 사랑할 기회도 놓쳤다. 모르는 사람을 사랑할 수 없듯, '모르는 나'를 사랑할 수 없었다. 내면의 빈자리를 남이 보는 나로 채우며 외롭지 않다고 자신을 속였다. 나는 외로움을 벗어나겠다며 더 깊은 외로움으로 들어갔기에 외로움이 고통스러웠던 것이었다.

나는 이제 '연결'만큼 '단절'의 시간을 사랑한다. '함께'만큼 '고독'을 즐긴다. 사람들과 연결하는 시간을 좋아하는 만큼, 내면의 나와 연결하는 시간도 사랑한다. 책을 읽거나, 운동을 하거나, 생각에 빠질 때는 비행기 모드를 할 때가 많다. 그렇다고 남과의 관계를 줄이고 나에게만 빠져 사는 것은 절대 아니다. 오히려 고독을 즐길수록 함께하는 시간이 더 즐거우니, 주변의 행복이 곧 내 행복이 된다. '사람들과 함께할 때도, 홀로일 때도 충실한 것이 어른의 이상적 고독'이라는 『혼자 있는 시간의 힘』의 저자 사이토 다카시(齋藤孝, Takashi Saito) 교수의 말에 깊이 공감한다.

결국, 내게 고독과 몰입은 동의어가 되었다.

여섯 번째 습관,
남에게 공감하기(Togetherness)

상담심리학을 배우며 가장 낯설었던 말이 '공감'의 학문적 정의였다. 일상에서는 공감·동정·연민을 모두 '측은지심'으로 섞어 쓰지만 상담 현장에서는 의미가 다르다. 공감(empathy)은 상대의 감정 세계로 들어가 이해하는 행동이고, 동정(sympathy)은 그 감정을 함께 느끼는 것이며, 연민(compassion)은 고통을 덜어 주려는 행동 의지까지 포함한다. 결국 상담자는 자신의 감정을 분리한 채 내담자의 심리를 이해·분석해야 한다. 상담사가 감정에 휩쓸리면 필요한 조언을 놓치고, 감정을 무시하면 사람을 놓친다.

약국 상담에서는 공감과 결정이 동시에 필요하다. 생활 습관이 교정되지 않아 더 나빠진 분이나, 삶이 바빠 치료를 미루며 진통제로 버티는 분을 만나면 하는 말이 있다.

"이해합니다. 다만 오늘의 선택이 내일의 후회가 되지 않게,

지금 치료의 방향을 함께 잡겠습니다."

어떤 분은 고개를 끄덕이고, 어떤 분은 불편해한다. 그러나 동정이 건강을 막을 때라면, 공감을 표현하더라도 정확한 문제 해결을 우선으로 하는 게 더 도움이 된다.

아파서 조퇴하고 약국에 방문하는 풀죽은 학생들에게 약과 함께 마음을 담은 이야기를 건넨다.

"오늘은 아파서 속상하겠지만 우리 친구가 잘 크는 중이라 고맙다. 선생님도 우리 친구 나이 때 불안감도 걱정도 많았어. 그래도 옆에서 누군가 공감해 줄 때 힘이 나더라고. 힘들 때나 속상할 때가 생기더라도 기죽지 말고 어른들에게 말해. 아니면 스스로에게 칭찬을 많이 하도록 해. 우리 친구 잘하고 있어!"

우리 아이들이 잘하고 싶은 마음을 이해하고 알아주는 것만큼 중요한 공감은 없다. 성장하는 아이들에게 필요한 어른은 평가하는 어른이 아니라 공감하는 어른이다. 물론 이렇게 말하고 있는 나도 쉽지 않지만 내 아이들을 볼 때, 아이들의 아빠가 아니라 '내가 아이들의 나이였던 시절'을 돌아보려 애쓴다.

내가 하고 싶은 〈여섯 번째 습관, 남에게 공감하기〉는 상대방의 '마음을 챙기는 일'이다. 앞서 말한 다른 습관들은 좋은 경험을 계기로 삶에 자연스레 배었지만, 이것만큼은 항상 마음에 새기고자 애를 쓴다. 다른 이들의 아픔을 공감하기에는 내 생각과 마음이 한참 부족하다. 내게는 아직도 충분히 공감한다고 말하기 힘든 사연이 있다.

밖에서 보면 아무 탈 없어 보이는 우리 집에도 겉으로 보이지 않는 슬픔이 있다. 8년 전 여름, 건강하셨던 장인어른께서 갑자기 심장마비로 돌아가셨다. 가족과 함께한 예순 번째 생신이 채 몇 달 지나지 않았기에 더욱 거짓말 같은 일이었다. 젊은 시절부터 고생을 마다하지 않으시고 장모님과 삶을 일궈 오신 분이었다. 이제야 조금씩 행복의 여유를 누리시려던 참에 닥친 청천벽력이었다. 그날 이후 천사님의 눈에 평생 지워지지 않을 슬픔이 내려앉았다.

평생의 반려자가 고통에 빠져 있는데 내가 할 수 있는 일은 없었다. 옆에서 함께 마음 아파하기에도 미안했다. 이기적이게도 그 감정이 엄청 고통스러웠다.

경험한 적 없는 아픔을 공감할 수 있는 사람이 몇이나 될까? 천사님이 슬픈 눈을 한 어른이 되어 슬픔을 애써 감추려 할 때, 걱정하는 나를 위한 행동임을 모르는 척하며 웃어 주는 것 말고는 해 줄 수 있는 게 없었다.

차마 '공감한다'는 말을 입 밖에 낼 수가 없었다. 아픔의 크기를 짐작할 수도 없는 내가 원망스러웠다. 이해할 수도, 함께 느껴줄 수도 없었던 내가 싫었다. 할 수 있는 일이라고는 천사님 가족이 급작스러운 일로 생긴 삶의 무게를 이겨 낼 수 있게 함께하는 것, 슬픔이 가족을 집어삼키지 못하게 옆에서 손을 잡아 주는 것뿐이었다.

소중한 사람의 아픔은 말로 덜어지지 않는다. "차라리 내가 아팠으면 좋겠어요."라고 말하고 싶지만 그마저도 버겁다. 할 수 있는 일은 오직 하나, 가족으로서 곁을 지키는 일뿐이다.

《내 마음에 솔직하기》라는 제목으로 행복실천 강의를 한 날, 많은 분께서 행복한 표정으로 강의를 잘 들었다는 말씀을 해 주신 덕에 기분이 매우 좋았다. 행복을 가득 즐기고 있는데 한 여성분께서 떨리는 목소리로 "조언 좀 구할 수 있을까요?"라고 물으셨다. 한눈에 근심이 보였지만 어떻게든 행복실천습관을 알려 드리면 되리라 생각했기에 "네, 무엇이든 제가 도움이 될 수 있는 일이라면 좋습니다. 편하게 말씀하세요."라고 답했다.

"제가 올해 60입니다. 저희 부부는 성실하게 노력하면서 살아왔어요. 다행히 아이들도 잘 자라서 성인이 되고 각자의 길을 잘 가고 있습니다. 이제는 우리 부부가 행복을 누리며 살 일만 남았다고 생각했어요. 그런데 갑자기 남편이 아프더니 병원에서 남은 시간이 6개월뿐이라는 이야기를 들었습니다."

여성분은 울기 시작했고 이야기를 들은 나는 가슴이 '쿵'하고 내려앉았다. 여성분은 애써 울음을 삼키며 다시 말씀하셨다.

"남편은 아이들과 어떻게든 추억을 남기고 싶어 하는데 저는 남편이 조금이라도 더 치료를 받아서 오래 함께했으면 좋겠다는 생각이 들어요. 하지만 제 바람이 남편의 뜻을 막는 것일까 봐 어떻게 해야 할지 몰라 미치겠어요."

머릿속이 하얘지는 순간 천사님의 슬픈 눈이 떠올랐다. 그리고 잠시 후, 나도 모르게 그분의 떨리는 두 손을 꼭 잡고 말씀드렸다.

"제가 선생님의 마음을 절대 이해하거나 공감한다고 말할 수조차 없습니다. 제게는 그런 경험이 없기 때문입니다. 그럼에도 제가 드리고 싶은 말씀이 하나 있습니다. 지금은 잠시 슬픔을 미루시고 남편분과 함께 '행복을 쓰는 일'에만 집중하세요. 살아 있을 때만 행복할 수 있습니다. 남편이 돌아가신 후에는 가족과 함께하는 행복이 더 이상 존재하지 않습니다. 물론 미뤄둔 슬픔이 다시 찾아올 것입니다. 그러나 지금은 행복을 쓰기에도 시간이 짧습니다. 남은 행복을 포기하지 마세요. 남편분께서 이렇게 애쓰시는 이유는 가족분들께 행복한 추억을 남기는 일이 가장 소중하기 때문입니다. 그러니 가족과 함께할 수 있을 때 어떻게든 행복을 쓰세요. 6개월이라는 시간은 정말 짧습니다. 하지만 누군가에게는 그 시간조차 간절한 바람일 수 있습니다."

내가 공감하려 애쓴 대상은 이분일 수도 있고 천사님일 수도 있다. 어쩌면 공감이 아니라 동정이나 연민일 수도 있다. 하지만 구분할 필요가 있을까? 내 소중한 사람들의 아픔을 조금이라도 함께 나눌 수만 있다면, 슬픔의 무게를 조금이라도 줄일 수 있다면 〈여섯 번째 습관, 남에게 공감하기〉는 분명 상대방의 슬픔을 덜고 행복을 채워 주는 소중한 습관이다.

일곱 번째 습관,
다 함께 건강하기(Satisfaction)

행복에 건강이 빠질 수 있을까? 몸·마음·재정·관계처럼 '건강'이 걸려 있는 모든 영역은 결국 '행복'과 맞닿는다.

'건강은 젊을 때 지켜라.'라는 말을 흘려들었다가 뒤늦게 후회해도 달라지는 것은 없다. 내 나이가 어느덧 중년을 지나 노화 단계로 접어드니 건강의 무게가 삶의 중심으로 옮겨 앉는다. 일찍 깨달았으면 더없이 좋았겠지만 조금 늦더라도 깨달음이 후회보다 앞섰으면 좋겠다. 행여 늦었다 해도 깨닫는 순간부터 바로 실천하자는 뜻에서 〈일곱 번째 습관, 다 함께 건강하기〉를 행복실천습관의 마지막에 두었다. 이 습관은 다음의 네 갈래로 나뉜다.

첫째, 몸과 마음이 함께 건강해야 한다. 인간의 뇌는 '정신적 고통'을 느낄 때 활성화되는 영역과 '육체적 고통'을 느낄 때 활성화되는 영역이 같다. 뇌가 고통을 똑같이 받아들인다는 뜻이다. 육체가 아무리 건강한 사람이라도 정신적으로 감내하기 힘든 스트레스가 지속되면 결국 무너진다. 20대에 육체적으로 건강했던 나는 외로움이라는 고통을 극복하지 못하고 무너졌다. 열심히 살고자 잠까지 줄이던 30대에는 건강을 잃으면서 마음이 함께 무너졌다. 40대를 한참 넘고서야 몸과 마음을 함께 돌보는 방법을 배웠고 비로소 안정된 행복을 누리게 되었다. 몸과 마음은 이어져 있다. 몸의 고통을 무시해서도 안 되지만 마음이 아프다는 신호를 무시하면 더 큰 위험에 빠질 수 있다.

둘째, 일과 삶이 함께 건강해야 한다. 우리는 행복한 삶을 위해 최선을 다해 일한다. 이때 노력만으로는 나침반도 지도도 없이 엔진만 도는 길 잃은 배가 되기 쉽다. 불행을 참으며 쌓기만 하는 노력은 병이 되니, 일이 불행하면 삶도 건강할 수 없다. 원하는 삶을 위해 잠깐 불행을 감수할 수는 있지만, 효율을 명분으로 불행을 당연시하는 순간 삶 전체가 상처 입는다.

방법은 간단하다. 〈행복 = 즐거움 + 의미〉 공식을 대입하면 된다. 일은 이미 의미가 있다. 그러니 일에서 나머지 한 축인 즐거움을 찾도록 한다. 묵묵히 참으며 의미에만 기대지 말고 내일을 즐겁게 만들려는 시도를 해보자. 이때 〈W.A.N.T.〉가 도움이 된다. 일이 끝내 즐겁지 않다면 바꾸는 용기를 내는 것도 방법이다. 그것조차 어렵다면 내가 즐거울 수 있도록 환경을 바꾸는 지혜를 택하자. 다만, 반드시 실천해야 한다. 실천하지 않는 행복은 절대 오지 않는다.

조기 은퇴 열풍이 끊이지 않는다. 그만큼 일하기 싫다는 뜻이다. 나는 반대로 오래 일할 생각이다. 원하는 삶을 위해 행복하게 일하고, 원하는 일을 위해 행복하게 살고자 '좋아하고 잘하는 일'로 삶을 채우기 시작했는데 그러다 보니 일이 즐거워졌기 때문이다. 좋아하는 일을 하게 되면 일은 놀이가 되고, 놀이는 삶이 된다. 평생을 아프지 않고 건강하기가 어렵듯 삶도 365일 24시간 내내 즐거울 수는 없다. 그러니 일도 삶도 내가 건강을 찾고 유지할 수 있는 준비를 해야 한다.

일과 삶의 균형을 잡는 방법도 훌륭하나 워라하(work-life harmony), 일과 삶이 조화로울 때 둘은 함께 건강할 수 있다.

셋째, 현재와 미래가 함께 건강해야 한다. 30대의 나는 '미래에 받을 보상'을 떠올리며 현재의 고생을 기꺼이 감내해야 한다고 믿었다. '젊어 고생은 사서도 한다.'는 속담을 잘못 이해한 탓이다. 이 속담은 본래 사람은 역경을 딛고 성장한다는 의미다. 그러니 젊어서는 고난과 역경을 피하기보다 부딪히면서 자신을 단련하라는 뜻인데 나는 어리석게도 현재는 어차피 사라질 시간이니 행복한 미래를 위해 아낌없이 쓰는 게 옳다고 판단했다. 그 결과 행복한 시간을 소중히 여기지 않고 고생할수록 미래가 행복해질 것이라 착각하며 현재를 더욱 몰아붙인 끝에 번아웃이 왔다.

현재는 과거에서 바라본 미래다. 과거의 내가 건강하지 못했을 때도 있지만 건강할 때가 더 많았기에 지금의 내가 있다. 그러니 미래를 핑계로 현재를 소진하기보다 지금도 함께 즐겁고 건강할 이유를 만들었으면 좋겠다. 행복한 미래를 맞이했을 때 되돌아보는 과거가 불행했기를 바라는 사람은 없지 않을까?

우리 사회는 미래를 위해 현재의 삶을 지나칠 정도로 가혹하게 몰아붙이는 경향이 있다. 그리고 스스로를 지나칠 정도로 엄격하게 평가한다.

"어제는 지나갔고 미래는 알 수 없습니다. 그리고 오늘은 신이 주신 선물입니다. 그래서 지금을 선물(present)이라고 부릅니다."

어느 백 세 노인의 말을 떠올린다. 우리가 마음껏 행복하고 건강할 수 있는 시간은 바로 지금이다. 행복한 미래는 행복한 현재가 가리키는 방향에 있다.

넷째, 나와 남이 함께 건강해야 한다. 사람은 혼자 살 수 없다. 무인도 표류기를 다룬 영화 『캐스트 어웨이』의 주인공 척은 외로움을 견디려 배구공을 '윌슨'이라 이름 붙이고 대화한다. 『행복은 전염된다』의 저자 크리스타키스(Nicholas A. Christakis)와 파울러(James H. Fowler)는 행복이 사회적 네트워크를 통해 전염되듯 확산된다고 밝혔다. 대규모 조사에 따르면, 내 친구가 행복하면 내가 행복해질 확률은 15%, 친구의 친구가 행복해도 10%, 더 나아가 내 친구의 친구의 친구가 행복해도 6% 높아진다고 보고된다. 그뿐만 아니다. '상실 효과(widowhood effect)'를 연구한 엘워트(Felix Elwert)와 크리스타키스는 한 배우자의 죽음이 남은 배우자의 사망 위험을 높인다는 사실을 밝혀냈다. 사람은 혼자 건강할 수도, 혼자 행복할 수도 없다. 그래서 나뿐 아니라 내 주변까지 건강하게 하는 일이 곧 나를 위하는 일이다.

우리 집은 3대가 함께 산다. 나는 매일 아침저녁으로 아이들에게 할아버지 할머니께 인사드리도록 교육한다. 손자 손녀의 인사가 두 분의 하루를 더 건강하게 만들고, 아이들 역시 사랑을 받으며 건강하게 큰다는 사실을 잘 알기 때문이다. 서로의 건강을 챙기는 일은 당연하지만 우리는 자주 잊는다. 가장 좋은 시작은 나부터 건강을 챙기는 일이다. 자식이 건강해지길 바라는 마음으로 먼저 열심히 운동하고 건강한 식단을 챙기며 건강한 삶을 실천하시는 엄마를 보며 나도 다 함께 건강하기를 실천한다.

네 가지 모두를 다 채우면 이상적이겠지만 내가 말하는 건강의 기준은 '완벽'이 아니다.

일단 나부터 약사임에도 고혈압이 있다. 그래서 혈압약을 꾸준히 복용하고 규칙적으로 운동한다. 더불어 마음이 함께 건강하도록 긍정적으로 생각한다.

모든 사람이 모델 같은 몸과 4대 성현 같은 바른 마음을 갖고 살 수는 없기에, 무리한 욕심은 오히려 몸을 해친다. 완벽하지 못하다고 불행을 선택할 이유도 없다. 완벽주의자는 99를 채워도 1이 모자라면 불행하다. 나는 완벽주의자가 아닌 최적주의자로서 지나간 삶을 후회하기보다 거기서 얻은 깨달음으로 삶의 균형을 찾아가는 과정을 즐긴다.

나는 4년째 콜드 샤워로 하루를 연다. 콜드 샤워가 1,000일이 되는 기념으로 시작한 달리기는 콜드 샤워 다음으로 1,000일을 향하고 있다. 무엇보다도 알람 없이 깰 만큼 충분히 자며 회복을 돕는다. 완벽을 고집하기보다 조금씩 건강을 쌓는 길을 선택한다. 이것이 내가 말하는 '행복하게 건강해지는 법'이자 '건강하게 행복해지는 법'이다. 강의에서 이 이야기를 할 때면 행복

주문은 이렇게 바뀐다.

"짧게 불행하고, 자주 행복하고, 조금 더 건강하세요."

조금 더 건강해지고자 애쓰는 것, 이것이 다 함께 실천할 수 있는 건강이다.

진정으로 행복한 사람들의 습관,
겸손하기

　나이가 들수록 겸손한 태도와 인사의 중요성은 갈수록 중요해진다는 것을 피부로 느낀다. 그래서 우리 아이들에게도 항상 인사를 철저히 시킨다. 경험에 비추어 볼 때 진심 어린 인사는 모두에게 기분 좋은 마음을 선물한다. 더불어 자연스레 칭찬이라는 반가운 선물도 받는다.

　나는 어려서부터 인사를 곧잘 했다. 칭찬을 유난히 좋아하는 나는 인사를 잘한다고 '안녕하세요 꼬마', '고맙습니다 꼬마'로 불렸다. 내 인사가 받는 사람을 기분 좋게 했기에 칭찬을 받았다는 사실도 잘 알고 있었다. 그래서 인사를 한 뒤에 칭찬을 받으려고 고개를 높이 들고 사람을 보곤 했다. 칭찬을 받은 뒤엔 더욱 의기양양해져 고개를 더 높이 들었다. '벼는 익을수록 고개를 숙인다.'는 속담을 어릴 때부터 수도 없이 들었지만 어린 내 마음속에 자리 잡지 못했다. 지금 생각하면 밉살스럽지만 그럴 수 있다. 어린아이 아닌가?

하지만 어른이 되면 얘기가 달라진다. 사실 어릴 때부터 '겸손하라'는 가르침은 늘 있었다. 그럼에도 나는 겸손이 어려웠다. 애써 보아도 잘 안 됐다. 한마디로 '뺄라진('잘난 척하며 으스대거나 뽐내다.'는 뜻의 제주어)' 아이였다. 머리로는 겸손이 옳다 여겨도 마음은 내키지 않았다. 내가 뭔가 대단한 줄 착각하고 살았으니까.

열일곱 살 때, 행복한 사람들의 일곱 가지 습관을 막연히 시작하며 '감사하기'와 '겸손하기'를 넣었다. 아무리 취향이나 시선이 달라도 모두에게 공통인 답이라 생각했다. 이후로 '겸손하기'는 항상 붙박이 주전은 아니었으나 행복실천습관 후보에서 빠지지 않았다. 행복한 사람들에게는 공통으로 겸손한 태도가 느껴졌고, 어른들께서 겸손을 일러 주시던 순간은 내가 칭찬을 받고 들뜬 때였으니 둘 사이의 인과관계를 확신했다.

벼는 고개를 일부러 숙이는 것이 아니다. 여물수록, 무거워질수록, 절로 낮아진다. 겸손이 그렇다. 행복이 차오르면 저절로 고개가 숙여진다. 행복의 미소가 나만의 것일까 죄송스러운 마음에 행복을 숨기듯 고개를 숙이고, 내가 행복할 때 불행의 그늘에서 주저앉아 있는 사람을 보면 한 번이라도 손을 내밀고자 고개를 숙인다. 겸손한 태도는 행복한 사람이라면 자연스럽게 얻는 행복 인증마크다. 돌아보면 나란 사람은 누구와 견줘도 부족하고 모자란 사람이다. 그래도 행복실천습관을 열심히 쓰기만 하면 충분히 행복할 수 있으니 감사하며 겸손하게 살고자 한다.

많은 사람들이 행복을 말하면서도 행운에 더 목맨다. 로또 당첨, 아파트 청약 당첨처럼 노력보다 큰 행운을 바란다. 인간의 본능이니 당연하고 이게 나쁘다는 뜻도 절대 아니다. 다만, 행운을 좇기 위해 행복을 짓밟지는 않았으면 좋겠다. 세잎클로버 사이에서 네잎클로버를 찾을 수 있듯이 '행운'은 언제나 '행복' 사이에 숨어 있다. 그런 연유인지 몰라도 각자의 꽃말이 행복이고 행운이다. 행운은 행복하게 살 때 찾아올 확률이 높아진다. 불행한 사람들도 우연히 행운을 얻기도 하지만 이들이 행운을 오래 지니지 못하는 경우가 많다. 행운을 살릴 행복이라는 터전이 없어 행운이 계속 머물기 어려운 까닭이다.

무지개를 볼 때의 감정은 어떤가? 나는 무지개를 보면 '오늘 운이 진짜 좋은데? 내가 이런 무지개를 볼 수 있다니 정말 행운이 넘치는 사람이야.'라고 생각한다. 그것도 엄청 큰 무지개나 쌍무지개가 아름답게 보이는 날이면 더할 나위 없이 행복해진다. 일곱 가지 습관으로 행복을 실천했을 때 얻는 감정과 일곱 빛깔 무지개를 보고 나서 얻는 감정이 같다면 지나친 과장일까? 나는 대단한 사람이 되지는 못했지만, 과분한 행복을 누리며 살게 되었다. 그렇게 행복은 나를 겸손하게 만들었다.

어릴 때 밥을 흘리거나 남기면 어느 집의 부모나 한결같은 말씀을 하셨다. "농부가 이 쌀 한 톨을 수확하기 위해 한여름에 얼마나 많은 고생을 하는지 알아? 이 한 알의 쌀이 밥이 되기 위해서는 농부의 1년이 필요한 거야." 어릴 때는 그깟 쌀 한 톨이 뭐가 대수인가 했는데 이제는 안다. 쌀 한 톨만큼 한 번의 작은 행복도 내 인생을 써야 얻을 수 있다는 진리를. 벼 한 알 한 알이 여물듯 삶에는 작은 행복들이 채워지고 행복이 가득 차면 벼와 같이 고개를 숙이게 된다는 사실을. 농부의 피땀이 가득한 쌀 한 톨 한 톨은 내 인생 행복 한 톨 한 톨과 닮아 있다.

행복하려고
노력하는 것이 아니라
행복하니까
노력하는 것이다.

III

행복을 씁시다!
Do HAPPITS!

감정이 건강하게 자라야 비로소 어른이 된다
누구나 불확실한 시한부 인생을 살고 있다
행복세와 행복돋보기
보급형 행복론
행복한 감정은 평생을 살아갈 힘이 된다
진짜 선행(先幸)학습
나는 남보다 빠르게 성공할 수 있을까?
세상에서 가장 좋은 중독
손해 볼수록 행복해지는 마법
나를 사랑하지 않으면 남을 사랑할 수 없다
노중(老中)을 준비하라
행복만 쓰셔도 됩니다
행복은 누구에게나 주어진 선물이다

감정이 건강하게 자라야
비로소 어른이 된다

　법적으로는 만 19세면 성인으로 인정받아도 뇌과학적으로는 아직 성숙한 성인이라 보기 어렵다. 이성적 사고를 담당하는 전전두엽은 만 25세가 될 때까지 발달하기 때문이다. 그래서 20대 초반의 법적 성인이 감정적으로 크게 실수하거나 일을 벌이는 일도 드물지 않다. 이런 사람을 두고 우리는 '어른스럽지 못하다'고 평가하나 아직은 이성적으로 성숙한 뇌를 갖추지 못했기에 어른스럽게 사고하기 어려운 게 맞을 것이다.

　인간의 뇌는 단순한 하나의 기관이 아니라 수억 년에 걸친 진화의 흔적을 담고 있다. 그래서 진화에 빗대어 비유하자면 '파충류의 뇌(본능)', '포유류의 뇌(감정)', 그리고 '인간의 뇌(이성)'로 구분된다. 이 세 가지는 겹겹이 층을 이루며 서로 협력과 충돌을 반복한다. 어린아이는 파충류 뇌의 영향으로 본능과 단순한 감정 반응이 지배적이다. 청소년기에 접어들면 포유류 뇌의 영향으로 감정의 폭이 넓어지고 깊어져도 이성을 담당하는 전전두엽은 아직 성숙하지 못하다. 그래서 이 시기의 청소년들은 감정적으로 요동치고, 충동적으로 행동하면서도 스스로 제어하지 못해 갈등을 겪는 질풍노도의 시기를 거친다. 청소년들이 감정적으로 몰입하고 충동적으로 움직이는 모습은 이들이 '포유류의 뇌' 시기를 지나고 있기 때문이라는 사실을 알면 이해가 된다.

결국 법적으로 성인이 되었다 해도, 만 25세 전후에 이르러서야 이성과 감정을 잘 조율할 수 있어 한 사람의 성인(成人, 온전한 사람 되었다는 뜻이다.)으로서 다른 성인이 봐도 이해되는 행동을 하는 것이다.

청소년은 단순히 미성숙한 존재가 아니다. 감정은 이미 어른만큼 성장했으나 이를 조절할 이성이 아직 덜 자랐을 뿐이다. 술 취한 사람을 상대하는 경찰을 떠올려 보자. 이성적 판단이 흐려진 사람과 대화할 때처럼 감정에 치우친 상태에서는 설득보다 공감이 먼저다. 청소년기의 모습도 이와 비슷하다. 그래서 감정을 존중받지 못하거나 억눌리면 그 부작용은 성인기까지 이어질 수 있다. '원한다'는 것은 감정이다. 감정이 올바르게 성장하지 못하면 원하는 것을 제대로 찾기가 어렵다. 이 감정이 왜곡되면 원하는 삶이 아닌 해야 하는 일들에만 순응하는 사람으로 자라거나, 반대로 강하게 반항하는 사람으로 자란다. 이 과정을 잘 지나려면 어른들이 청소년의 감정을 존중하고, 스스로 감정을 수용하고 성숙해질 수 있도록 시간을 주면서 여유로운 마음으로 지켜봐야 한다.

요즘 세대는 원하는 것 없이 바라기만 한다고 기성세대는 말한다. 하지만 이렇게 된 원인은 기성세대가 아이들에게 지나치게 이른 미래를 강요하고, 감정을 느끼고 탐색할 시간을 앗아가고 있기 때문이 아닐까? 다음 세대를 탓해 봤자 누워서 침 뱉기다.

4세 대입반, 7세 의대반. 이런 교육 현실이 아이들을 감정이 메마른 '공부 잘하는 도마뱀'으로 만들고 있지는 않은지 돌아볼 때다. 감정 없이 살아온 사람은 결국 이성도 제대로 작동하지 않는다.

문명사회에서 인간은 성인이 된 뒤에도 한동안 부모의 울타리 안에서 감정을 배우고 조율하는 시간을 갖는다. 이 시기를 잘 보내야 진정한 인간 성인(成人), 즉 감정과 이성이 균형 잡힌 사람으로 성장할 수 있다. 따라서 학부모나 교사는 청소년기의 감정을 억누르거나 평가하기보다는 충분히 수용하고 동시에 이성적으로 판단하는 연습을 함께 도와야 한다.

'친구 같은 아빠'가 되려면 아이가 성인이 되도록 이끌어 주고 기다려야 한다. 친구 같은 아빠가 된다고 착각하고 '아이 같은 아빠'가 되면 아이는 성장할 수 없다. 감정은 존중하되 옳고 그름의 기준은 명확히 하자. 기분이 태도가 되지 않으려면 아이들이 자신의 감정을 건강하게 다룰 기회를 충분히 제공하되, 어른이 될 수 있는 기준을 제시해야 한다.

'원한다'는 감정을 제대로 kNow(알아차림)할 때, 우리는 원하는 삶을 선택하는 W.A.N.T.의 시작점에 선다. 감정은 나를 움직이게 하고 원하는 것을 선택하게 한다. 감정은 사람을 사람답게 만드는 힘이다. 파충류와 포유류의 시기를 거쳐 어른의 시간을 보내고서야 비로소 이성과 감정이 어우러진 '인간'이 된다. 그러니 감정은 억눌러야 할 것이 아니라 잘 키워야 할 대상이다. 아이들이 원하는 삶을 찾아가고, 자신만의 방향을 선택할 수 있도록 감정의 성장을 도와주자.

그게 바로 진짜 어른의 역할이다.

누구나 불확실한
시한부 인생을 살고 있다

얼마나 살지도 모르고 언제 죽을지도 모른다. 어디서 어떻게 죽을지도 모른다. 삶을 이해하려면 죽음을 먼저 알아야 하는데도 우리는 죽음을 잘 안다고 착각하거나 두렵다는 이유로 외면한다. 그러나 죽음은 반드시 알아야 할 진실이다. 그래서 나는 이렇게 말한다.

"우리는 누구나 불확실한 시한부 인생을 살고 있다."

메멘토 모리(Memento mori)는 '죽음을 기억하라'는 말로 언젠가 죽게 된다는 사실을 잊지 말고 유한한 삶을 소중히 여기라는 뜻이다. 인간은 태어나는 순간부터 죽음을 향하지만 모순되게도 영원히 살 것처럼 괴로움 속에 살아간다. 괴로움에서 벗어나고자 고통을 견디며 삶이라는 산을 오르고 또 오른다. 그러다 마침내 죽음에 이르러서야 내가 오른 길은 삶의 정상이 아니라 죽음으로 향하고 있음을 깨닫는다. 그래서 죽음을 기억하는 일은 두려움이 아니라 삶에서 죽음으로의 여정을 제대로 바라보는 지혜라 할 수 있다. 단 한 번뿐인 인생을 어떻게 살아야 원하는 죽음에 도달할 수 있을까? 목적지를 모르는 여정은 방황할 수밖에 없다.

죽어도 여한이 없는 삶이 되려면 내 삶을 흡족하게 잘 써야 한다. 행복은 더 누리고 불행은 줄이면서 내 삶의 곳곳에 향기로운 꽃과 아름다운 햇살만 가득하면 더할 나위 없다. 모두가 그렇다면 얼마나 좋을까? 누군가는 유복하게 태어나고, 누군가는 재능이 많으며, 누군가는 큰 행운을 누린다. 그에 비해 내 삶은 비루하고 가진 게 없어 원망스러울 수도 있다. 안타깝지만 인생은 불공평하다. 그렇다고 삶을 원망하며 산다면 후회로 가득한 인생의 끝에서 원치 않는 죽음을 맞이할 것이다. 그 누구도 바라지 않는 죽음이다.

지구상의 모든 동물은 자신의 운명에 순응하며 산다. 거북이는 백 개의 알 중에서 고작 한두 마리만 성체로 생존하는 운명이라도 불평이 없다. 일개미는 폭우에 떠내려간 동료를 슬퍼할 새도 없이 무너진 집을 고친다. 유전자에 새겨진 본능을 따를 뿐이다. 오직 인간만이 불공평한 자신의 운명을 원망하고 저주하며 슬퍼하기도 한다. 동시에 인간에게는 다른 동물과 구분되는 엄청난 능력이 숨겨져 있다.

가수 김연자의 히트곡《아모르 파티(Amor fati)》에는 흥미로운 사연이 있다. 김 씨는 일본에서 정상급 가수로 활동하며 부와 명성을 쌓았다. 하지만 이혼으로 엄청난 재산을 잃은 채로 한국에 돌아왔다. 그러던 어느 날, 작곡가 윤일상을 만나 자신의 찬가를 만들어 달라고 부탁했다. 남들이 보기에 안타까운 삶일지라도 스스로는 여전히 멋지게 노래할 힘과 세상을 아름답게 볼 마음의 눈이 있다고 믿었기 때문이다. 그렇게 탄생한 노래의 처음 제목은 '연자송'이었다. 김연자가 직접 '내 인생을 그린 곡'이라며 그렇게 불렀다. 그런데 노래를 들은 프로듀서 신철이 제목을 바꾸자고 제안했다. 그는 독일 철학자 니체(Friedrich Nietzsche)의 말을 빌려 '운명을 사랑하라'는 뜻의 라틴어 '아모르 파티'라는 제목을 붙였다. 그 순간 이 노래는 가수 김연자의 노래에서 '운명을 사랑하는 모든 이들의 노래'로 다시 태어났다.

인간만이 가지고 있는 고유의 능력 '내 운명을 사랑하는 힘'을 쓴다면 불공평한 인생도, 그 흔한 삶도 지구상에 '단 하나뿐인 기회'로 바꿀 수 있다. 누구나 자신만 쓸 수 있는 운명을 선물 받았고 그 선물을 사랑하려는 힘을 지녔다. 이 힘은 불공평하고 흔한 삶을 유일무이한 나만의 아름다운 삶으로 바꿀 수 있게 한다. 원하기만 한다면 인간은 누구나 '아모르 파티'를 쓸 수 있다.

나는 매일을 마지막 하루라 생각하며 산다. 오늘 아침 17,905번째 태어났고 오늘 밤에 17,905번째 죽는다. 평생의 성공과 실패에 집착하기보다 하루를 진심으로 살겠다는 마음의 표현이다. 행복은 형태나 크기가 아니라 색과 빈도임을 아는 까닭에 성공과 실패에 연연하기보다 내 마음의 안녕을 위해 행복실천에 집중한다. 행복한 하루를 반복해 평생의 방향을 찾다 보면 삶이 어디에서 끝나든 걸어온 내 길을 만족할 수 있을 테니 매일매일 하루의 행복을 계단처럼 쌓는다.

그렇다고 나의 오늘이 행복했다고 내일이 행복하지도 않고, 오늘의 불행이 내일의 불행으로 이어지지도 않는다. 그래서 나는 오늘의 행복한 나로 죽음을 맞이하고 내일의 행복을 기대하며 깨어난다. 오늘의 불행한 내가 내일은 행복할 것이라 믿으며 다음 날을 기다린다. 그렇게 나는 그날그날 행복을 잘 쓰며 살고 싶다. 내 삶뿐 아니라 부모님과의 마지막 날, 천사님과의 마지막 날, 그리고 아이들과의 마지막 날과 내 주변의 소중한 사람들과의 마지막 날을 매일 맞이하다 보면 그들의 소중한 삶도 사랑하게 되는 것은 덤이다.

대한민국에서는 매일 평균 980명의 사망자가 발생한다(2024년 통계청 기준). 대한민국 인구가 2024년 51,751,065명임을 기준으로 볼 때 52,808명 중 1명은 매일 세상을 떠나는 셈이다. 누군가 오늘 죽을 확률은 매주 추첨하는 로또 4등보다 드물지만 3등보다는 훨씬 흔하다. 그런데 오늘 내가 죽으면 그 확률은 1, 즉 100%가 된다. 만일 죽음이 눈앞이라면 죽기 전에 무엇을 하고 싶은가? 나는 행복한 시간을 보내고 싶다. 그래서 나는 오늘도 행복을 쓰는 일에 집중한다.

흔히 '오늘을 즐겨라'로 해석되는 카르페 디엠(Carpe diem)은 흥청망청하라는 말이 아니다. 오늘이 내 인생의 유일한 날이라면 내가 가장 원하는 하루를 살라는 뜻이다.

누구나 행복한 삶을 원한다. 기한을 정하라면 영원이라 답하고 싶지만 그럴 수 없다. 결국 바랄 수 있는 행복의 시간은 죽기 전까지다. 죽음과 동시에 인간의 행복도 사라진다. 행복은 산 자의 몫이요, 살기 위한 도구다. 그래서 묻는다. 과연 우리는 언제 살아 있는 사람일까? 과거를 살았고 미래를 살겠지만 결국 지금만 살 수 있다. 그럼에도 사람들은 과거를 후회하고 미래를 걱정한다. 사춘기인 딸은 후회가 많다. 그 나이에 경험하는 흔한 감정이다. 그런 딸에게 아빠로서 해 준 말이 있다.

"후회를 붙잡고 있으면 이 순간을 또 후회하게 돼. 후회를 멈추고 지금 원하는 일에 최선을 다해. 그렇게 너의 현재가 쌓여 과거가 될 때 더 이상 후회는 없을 거야."

걱정은 이르고 후회는 늦다. 오늘을 즐겨라. 진정한 오늘을 즐기기 위해 인간이 할 수 있는 가장 중요한 권한이자 의무는 '행복하게 사는 것'이다.

내 인생의 멘토로 생각하는 고(故) 이어령 교수는 암 투병 중 치료를 거부하고 인터뷰에서 이렇게 말했다.

"젊은이들의 가장 큰 실수는 자기는 안 늙는다고 생각하는 것이야. 그러니까 내일 산다고 생각하지 말고 오늘 이 순간에 현실을 잡으라는 거죠. 마치 사형수가 하루를 살 때 내일이 없다고 생각할 때 그 하루가 얼마나 농밀하겠어요. 젊음을 제대로 살아 보지 못한 사람은 '아유, 살아 봤자 뭐 내일도 똑같고 모레도 똑같은 거 아이고 죽자.' 그럴는지도 몰라. 지금 젊음을 열심히 살아야 늙을지도 알고, 열심히 늙음을 살아야 죽음의 의미도 안다는 거지. 죽음이라는 건 폭발하는 것이고, 부딪히는 것이고, 강철의 문을 두드리는 것이야. 이 이상 절박하고, 이 이상 중요한 게 없어. 그래야 산다는 것이 뭔지 알아."

죽음을 기다린다는 생각은 착각이다. 우리는 죽음을 향해 가고 있다. 죽음을 향해 가는 가장 좋은 방법은 살아 있는 시간 동안 행복을 잘 쓰며 살아가는 것이다. 그것이 오늘을 즐기고, 운명을 사랑하며, 죽음을 기억하는 길이다.

행복세와 행복돋보기

 사람들은 노화가 진행될수록 더 불행해진다고 예상한다. 노화를 다가오는 고통이요, 젊은 날에 대한 미련이자 돌아갈 수 없는 슬픔으로 보기 때문이다. 이런 이유로 항노화 관련 사업은 언제나 흥하고, 피할 수 없으면 속도라도 늦추자는 마음에 저속 노화를 찾는다. 몸이 예전 같지 않은 삶을 피하려는 노력은 충분히 이해하나 세월은 그 누구도 이길 수 없다.
 늙는 것도 슬픈데 30~40대의 시간을 보내느라 삶이 버겁다면 오히려 반가운 소식이 있다. 여러분은 나이 들수록 일생에 가장 힘든 구간에서 벗어나 더 행복한 삶을 누리게 된다. 2010년 미국에서 약 30만 명을 대상으로 전 연령대 삶의 만족도를 조사했다. 삶의 만족도는 10대 후반에서 20대 초반 사이에 가장 높았고, 40대 후반에서 50대 초반 사이가 가장 낮았다. 바닥을 찍은 만족도는 60~70대에 반등했으며, 80대가 되면 다시 10대 후반과 비슷한 수준으로 올라가는 U자 곡선을 그렸다.*

행복은 스트레스와 반비례한다. 30~40대가 힘든 까닭은 불확실한 삶의 한가운데에 서 있기 때문이다. 경쟁·승진·양육·부양·노후 준비까지 짐이 제일 많은 시기다. 그런데 50대를 지나 60대, 70대로 갈수록 짐이 줄어드니 행복지수가 상승한다. 40대 후반이면 '이미 정해진 내 패'를 인정해 불확실성이 줄고, 50대에는 그 패를 즐길 줄 알게 된다. 60대부터는 내 패에 맞는 삶을 완성하고, 더 이상 남의 시선에 구애받지 않는 삶을 산다. 건강만 받쳐 주면 주변의 축하를 받으며 자신을 응원하고 칭찬하는 일이 일상이 된다. 마치 시험 결과가 좋고 나쁨을 떠나 전교 1등부터 거꾸로 1등까지 함께 시험이 끝난 뒤의 후련함을 느끼는 기분이랄까? 70·80대에는 경험이 지혜로 여물고, 의미 없는 걱정에서 벗어나 세상을 긍정적으로 보게 된다. 한평생을 살다 보면 바깥 풍경보다 내 마음속 세상을 보는 태도가 더 중요하다는 사실을 안다. 그래서 이 지혜에 두 가지 이름을 붙였다.

첫 번째는 '행복세'다. 재산을 인정받으려면 재산세를 내야 하

---

* Galambos, N. L., Krahn, H., Johnson, M. D., & Lachman, M. E. (2020). The U-shape of happiness across the life course. Social Science & Medicine, 246, 112747. https://doi.org/10.1016/j.socscimed.2019.112747

듯, 행복에도 세금이 있다. 우리가 누리는 행복의 사이사이에는 불행도 함께 섞여 있다. 때때로 찾아오는 작은 불행은 다시 행복으로 채워진다. 반대로 불행을 피하고 행복만 쓰려 들면 미납된 행복세, 즉 불행이 쌓인다. 불행을 인정하지 않아도 불행은 행복 사이에 숨어 있다가 반드시 모습을 드러낸다. 결국 내 몫만큼의 불행을 수용해야 행복을 고스란히 인정받는다. 나는 행복세를 성실히 납부하는 사람이다. 부모님께서 국세청이 주는 모범납세자 표창을 받으신 것처럼 나도 운명으로부터 '행복세 모범납세자' 표창을 받고 싶다.

행복을 제대로 누리지도 못했는데 더 큰 불행이 닥친다 해도 마냥 낙담할 일만은 아니다. 과하게 낸 세금이 환급되듯 불행도 행복으로 돌아온다. 더 나아가 불행은 행복을 만들어 쓰는 힘까지 보너스로 키운다. 큰 불행을 겪어본 사람은 행복을 쉽게 감지하고 소중히 잘 누리는 사람으로 변한다. 내 주변에도 큰 불행을 겪은 이가 많다. 무너지는 사람도 있지만 죽음에 가까운 고통을 이겨 내고 딴사람처럼 성장하는 경우가 더 많다. 이들은 작고 사소한 일에도 쉽게 행복해진다. 암 수술을 받은 친구도, 가족도 이런 말을 '똑같이' 했다.

"세상이 달라 보여. 이제는 행복을 잘 누리면서 살아갈 거야. 중요하지 않은 문제는 신경 쓰지 않아도 돼. 내가 살아 있다는 게 제일 소중하니까."

큰 세금을 내면 내가 지키고 누려야 할 행복이 뚜렷해진다. 엄청난 세금을 내 본 사람은 최대한 환급 받고자 애쓰며 온갖 노력을 기울인다. 행복도 같다. 행복세를 과하게 내 본 사람은 세금을 두려워하기보다 내게 돌아올 행복을 적극적으로 찾는다.

두 번째는 '행복돋보기'다. 김혜남 작가는 대표적인 행복세 납부자이자 행복돋보기 사용자다. 대한민국에서 이분만큼 최선을 다해 고통을 참고 노력한 사람은 드물다. 그런데 이렇게 열심히 산 대가는 마흔셋의 젊은 나이에 찾아온 파킨슨병이었다. 노력을 깡그리 짓밟는 억울한 누명과도 같았다. 그러나 그는 이 경험으로 새로운 시선을 갖게 된다.

"하나의 문이 닫히면 또 하나의 문이 열린다. 그러니 더 이상 고민하지 말고 그냥 재밌게 살아라."

그는 파킨슨병으로 육체의 고통에 갇혔으나 물방울 속 세상에서 마음의 자유를 얻었다. 마이크로월드에서 찾아낸 큰 행복을 보는 시선, 이것이 행복돋보기다. 평생의 고통을 받아들인 만큼 인생을 아우르는 지혜를 갖게 되었다.

노인은 육체의 눈은 침침해도 마음의 눈은 오히려 선명하다. 그뿐만이 아니다. 의미 없는 문제들은 작게, 진짜 행복은 크게 볼 수 있다. 해맑은 어린아이의 미소, 봄의 이름 모를 노란 들꽃, 시원한 물 한 모금의 기쁨과 내가 사랑하는 사람들의 별일 없는 평온한 하루까지. 평생의 경험으로 이 소중함을 잘 알기에 언제든 감동을 찾아낼 행복돋보기를 쓴다. 우리 집 할아버지와 할머니께서 매일 생일처럼 축하하고 파티하는 천국에 사시는 이유도 여기에 있다. 나는 아침마다 부모님을 만나고 출근해도 전화로 또 보고 싶다고 말한다. 출근하기 전에 아이들을 꼭 안고 "아빠 충전 중이야."라고 말한다. 결혼 전보다 더 보고 싶다고 쫓아다닌 덕에 천사님은 내가 육지로 1박 2일 강의라도 갈라치면 나보다 더 기뻐한다. 살아 있는 동안 삶은 행복이라는 보물찾기로 가득 찬 소풍이고 내 마음에는 그 보물찾기를 위한 행복돋보기가 들려 있다.

"모든 행복한 가정은 엇비슷하지만, 불행한 가정은 제각기 나름의 불행을 안고 있다."*

우리의 본능은 추상적으로 행복하고 구체적으로 불행하다. 그러나 행복세를 내고 행복돋보기를 써서 마음의 눈으로 세상을 보면 추상적으로 불행하고 구체적으로 행복한 사람이 될 수 있다.

---

* **톨스토이**(Lev Nikolayevich Tolstoy), 『안나 카레리나』, 1877/국내 번역본

보급형 행복론

세잎클로버 사이에서 놀다 네잎클로버를 발견하듯 행복한 날 속에 행운의 날이 찾아왔다. 어느 날 김경일 교수님 강연 앞 순서가 내 시간이었기에, 쉬는 시간에 강사 대기실에서 짧게 대화를 나눌 기회가 생겼다. 예전에 교수님의 강의를 듣고 팬이 된 뒤 '언젠가 또 뵐 수 있으면 좋겠다.'는 바람이 멋지게 이루어졌다. 그때 준비한 인사를 드렸다.

"신이 모든 곳에 임하실 수 없어서 엄마를 보내신 것처럼 교수님께서 일일이 가시기 힘든 곳에 '보급형 김경일'로서 행복을 알리는 사람이 되고 싶습니다."

교수님은 웃으셨고 나는 지금도 '보급형 김경일'을 꿈꾼다. 나는 행복도 '보급형'이 좋다. 적절한 행복세를 수시로 내고, 작은 행복을 선명하게 볼 수 있는 행복돋보기로 불행은 짧게, 행복은 자주 경험하는 게 보급형 행복이다.

문득 떠올리면 고급형 행복이 더 좋아 보이지만 천만의 말씀이다. 고급형 행복은 행복세가 크다. 큰 사고로 죽음의 문턱을 넘고 긴 공부 끝에 삶의 진리를 터득해 성공한 사업가이자 강사가 된 고명환 작가, 마흔셋에 파킨슨병을 앓고도 깨달음으로 행복을 전하는 김혜남 작가가 고급형 행복의 대표격이다. 나는 약국도 실패하고, 사업도 실패하고, 투자도 실패하고, 중독까지 빠져 봤지만, 이분들만큼 큰 행복세를 감당할 자신이 없다. 그래서 난 보급형이면 충분하다.

보급형 행복이 시시할까 봐 걱정할 필요는 전혀 없다. 아침마다 물 한 컵을 마시며 행복하고, 천사님을 웃기면서 시작하니 행복하다. 아이들을 다정하게 깨운 뒤 아침을 차리며 행복하고, 부모님을 안고 사랑한다고 말하며 행복하다. 일터에서는 나의 쓸모에 감사하고, 서로 등을 맡기는 반가운 동료들과의 시간에 감사하다. 맛있는 점심을 골랐으니 다가오는 점심시간이 행복하고, 밥 먹고 들어오는 길에 핀 노란 꽃을 보며 행복하다. 약국에 사람이 많아 바쁠 때는 가족을 위해 쓸 수입이 늘어 행복하고, 한가할 때는 내가 원하는 책을 읽고 사색하며 글도 쓸 수 있으니 행복하다. 이것이 보급형 행복의 진가다. 그러나 예전에는 가진 행복을 누리기만 하면 되는데도 더 큰 행복을 찾느라 허우적댔다. 불행하기 싫었고 남보다 더 행복하고 싶었다. 하지만 불행을 피하려 할수록 괴로움은 커졌고 더 큰 행복이 다가와도 그보다 더 큰 행복을 놓칠까 불안했다. 행복의 감정은 크기가 아니라 색이다. 우리는 색에 익숙해질 뿐이다. 자주 행복하다 보면 크고 작음을 따지는 일이 부질없다. 그냥 행복이란 감정의 색에만 충실해진다. 그렇게 가까이에 있는 행복을 잘 쓰면 내 시간은 행복의 추억들로 채워지고 그 시간이 이어져 삶이 된다. 추억 가득한 시간이 지속되는 삶을 행복한 삶이라 부른다.

 보급형 행복론을 지키며 살고 싶은 이유가 한 가지 더 있다. 내 기준으로 성공한 인생을 살고 싶어서다. 올해 내 나이는 마흔아홉이다. 나이 셈법은 바뀌었어도 예전 방식이 좋다. 인생 성공에 하루라도 더 가까워지기 때문이다. 곧 쉰이 되면 내 기준으로 드디어 인생 성공에 '가능한 영역'에 들어선다. 성공한 인생을 판단하려면 기준이 필요하다. 보편적인 기준으로 볼 때 부·명예·지위·업적 등이지만, 인생의 반을 돌아 이제 삶을 좀 알게 되니 나만의 '인생 성공 판별법'이 생겼다. 행복을 기준으로 판별하는 방법이고, 어릴 적부터 동화책에서 많이 본 말이다.
 "그 후로도 오래오래 행복하게 살았습니다."
 내게 최고의 성공은 오래오래 행복하게 사는 삶이다. 얼마 전에 들은 이야기로 내 신념은 더욱 견고해졌다.

"우리 친척 어르신께서 얼마 전 아흔아홉에 돌아가셨어요. 때마침 명절 연휴라 온 가족이 다 모였죠. 혹시 많이 편찮으셨냐고요? 아주 건강하셨습니다. 이분께서 늘 하시던 말씀이 '즐겁게 살아라.'였습니다. 그날 아침도 아침 먹고 '즐겁게 살아라.'라고 하시고 오후에는 동네 나가서서 놀다 오시면서도 '즐겁게 살아라.'라고 하셨습니다. 그리고 온 가족이 모인 저녁 시간에도 '즐겁게 살아라.'라고 말씀을 하시고는 그날 밤 조용히 주무시다 돌아가셨습니다. 모든 가족이 슬퍼하기도 했지만 '참 부럽구나. 99세까지 건강하고 즐겁게 사셨으니 더 큰 복이 어디 있을까?'라는 생각이 들었습니다. 행복하게 오래오래 산 삶만큼 부러운 일은 없더군요."

행복하게 오래오래 산 삶이 성공한 인생이라는 판별법에 이의를 갖는 사람은 없을 것이다.

내가 학교에 다닐 때 성적표는 '수·우·미·양·가'로 성적을 매겼다. 당시에는 양과 가가 끔찍했지만 뜻을 알고 나니 얼마나 마음이 따뜻해지는지 모르겠다. 우선 가는 가능함(可)이다. 불가능한 것이 아니라 공부를 잘할 가능성이 있다는 뜻이다. 양은 양호함(良)이다. 발전했으니 양호하다는 뜻이다. 미는 아름다움(美)이다. 성적이 아름답다니 정말 기쁘다. 우는 넉넉함(優)이다. 성적이 아름다움을 넘어 넉넉한 경지에 이르렀다. 마지막으로 수는 빼어남(秀)이다. 성적 중 으뜸이니 빼어남이 분명하다.

공부처럼 삶도 그렇다. 내가 만든 '인생 성공 점수 측정법'도 있다.

성공의 첫 번째 요소는 얼마나 사는가다. 쉰은 '가능한 나이'다. 인생의 절반을 돌아선 지점, 나이 든 사람이 될 가능성이 생겼다. 예순은 '양호한 나이'다. 한 갑자는 돌아야 나이 든 사람이 되었음을 인정받는 것이다. 일흔부터는 '아름다운 나이'다. 백 세를 넘기신 김형석 교수는 일흔부터 인생의 전성기라 하셨다. 그리고 여든은 '넉넉한 나이'다. 적어도 이때까지 사신다면 대부분 자식과 손주가 장성하는 모습도 보셨을 테니 성공한 삶이다. 마지막으로 아흔은 '빼어난 나이'다. 아흔이 넘는 삶은 손에 꼽지 않는가?

나이만 들었다고 무조건 성공하는 것은 아니다. 두 번째 요소가 핵심이다. 바로 행복이다. 행복한 하루하루가 이어져 내일이 궁금한 삶, 그렇게 궁금한 삶이 다시 행복한 하루로 이어져서 오래 살아야 성공한 삶이다. 그리고 행복하게 오래 살수록 점수가 높아진다.

나는 내 기준의 성공을 살고 싶다. 오래오래 행복하게 나이 들고자 한다면 고급형이 아니라 보급형을 추천한다.

나는 보급형 행복론자다.

행복한 감정은
평생을 살아갈 힘이 된다

 행복은 감정이다. 감정이 풍부할수록 행복도 풍부해진다. 행복을 입에 달고 사는 내게는 어린 날의 좋은 추억이 많다. 그 당시에는 흔치 않았던 맞벌이로 바쁘신 부모님 덕분에(?) 나는 동네 할머니들의 손에서 자랐다 해도 과언이 아니다. 할머니들께서 계속해서 말 걸어 주시고 나의 모습에 많이 웃어 주셨다. 나는 그렇게 행복한 감정이 좋은 추억으로 쌓였다. 좋은 추억은 행복 저장소다.
 어릴 때는 동네 친구들과 함께 자랐다. 서먹함을 지나 친해지고, 때로는 싸우며 멀어지기도 했지만 그런 일들 속에서 세상의 많은 내 편들을 만났다. 어른이 된 후 힘든 일이 생겼을 때 사람을 찾고 위로를 받으면서 지낼 수 있었던 이유는 '사람에 대한 믿음' 덕분이라 생각한다.
 어릴 때는 시도와 실패의 기회가 많았다. 변변한 장난감도 없었으니 내가 만든 장난감이 큰 가치가 있었다. 나는 딱지치기를 잘하고 싶어 다양한 종이를 사용해 딱지를 만들었다. 처음에는 어리숙했다. 실패를 거듭하면서도 계속해서 시도했더니, 결국 꽤 괜찮은 실력자가 됐다. 별것 아닌 이 경험이 좋아하는 일을 하는데 주저함이 없는 자신감과 자존감을 키운 것이다. 좋아하는 일을 잘해 본 사람은 자신의 삶을 주도적으로 이끈다. 수많은 시도와 실패가 내게는 매우 중요한 배움이었다.

 대치동 사교육, 특히 선행학습을 다룬 풍자에 반응이 뜨겁다. '4세 입시반, 7세 의대반'은 남보다 앞서야 성공하고 성공해야만 행복할 수 있다는 성과지상주의 대한민국의 민낯이다. 그런데 과연 이 방법이 옳은 길일까? 남보다 빨리 시작한다고 모두가 전교 1등, 전국 1등이 될 수는 없다. 전부 좋은 성적을 받아 행복하다면 더할 나위 없겠지만 현실은 그렇지 못하다. 많은 이가 부러워하는 소수의 성공 뒤에는 우리가 외면하고 있는 비극이 있다. 남과 비교하는 공부로 고통을 이기지 못해 중독에 빠지거나 생을 포기하는 안타까운 사례들이 허다하다.

 평균 15년을 일하고 20년을 사는 일소도 생후 24개월이 지나야 일을 배운다. 그렇게 1~2년을 더 배우고 나서야 제 몫을 한다. 사람으로 치면 열 살쯤 공부를 시작하고 스무 살 무렵 일에 나서는 셈이다. 소가 대한민국 사교육을 안다면 소로 태어나서 다행이라 여길지도 모른다. 과연 아이들은 일소가 되고 싶을까? 그중에는 강아지도 있고 고양이도 있지 않을까? 새와 나비는 일소로 살아남을 수 있을까?

일찍부터 공부해야 좋은 성적과 좋은 대학, 그리고 좋은 직업까지 가질 수 있다는 말에 크게 토 달고 싶은 마음은 없다. 유리하다고 판단했을 테니까. 하지만 수능 만점, 명문 의대라는 간판 뒤에서 벌어진 참혹한 사건과, 전교 1등을 극단적 선택으로 몰고 가는 현실을 보면서 감정의 소중함을 무시한 대가가 이렇게 크다는 말을 하고 싶다. 이 아이들이 부모의 지지와 응원을 받고 자기 자신이 행복한 삶을 살고 있다는 믿음을 가졌다면 다른 결말이 펼쳐졌을 것이다.

이 문제를 '마음을 돌보지 않은 잘못' 수준으로 가볍게 여겨서는 안 된다. 가장 큰 문제는 어릴 때부터 성인에 이르기까지 감정의 뇌를 키울 기회를 빼앗겼다는 데 있다. 앞서 언급한 대로 인간의 뇌는 파충류의 뇌 → 포유류의 뇌 → 인간의 뇌로 성숙한다. 생애주기마다 알맞은 성장이 필요하다. 위에 언급한 비극의 당사자들에게 부모는 마음의 안전망이 되지 못했을 뿐만 아니라 불안에 떨게 만드는 근원이 됐다. 아이들은 자기 자신이 언제 낙오할지 모르는 두려움을 다른 누구도 아닌 부모로부터 받았을 것이다. 그렇게 감정이 파충류 수준의 공격·회피 본능에 갇힌 결과, 어떤 아이는 가해로, 어떤 아이는 극단적 선택으로 두려움을 회피하게 된 것이다.

우리는 아이들이 어른으로서 살아갈 힘을 키울 수 있게 무엇을 남겨 줘야 할까? 함께 일하는 행복 천재 성은정 매니저는 딸 하온이를 행복으로 키운다. '내 아이를 내 아이답게' 키우기 위해 다른 사람의 이야기보다 자신이 경험한 행복을 아이가 그대로 느끼게 하는 일에 집중한다. 아이의 호기심 가득한 질문에 진심을 담은 답을 준비하고 자존감을 세우기 위해 원하는 일을 마음껏 시도하도록 돕는다.

그래서 하온이는 자신을 '세상에서 가장 행복한 사람'이라고 말하는 데 주저함이 없다. 겁이 많고 낯은 가려도 세상을 바라볼 때 눈빛은 호기심으로 가득하다. 무엇이든 스스로 해 보려는 마음은 '온 세상이 놀이터'라는 생각으로 이어진다. 이제 일곱 살, 글도 책도 익히고 싶을 때 익혔으며 무엇이든 자신이 알고자 하면 알 수 있다는 자신감에 차 있다.

하온이가 잘 커서 앞으로 문제없이 남보다 빠른 성공을 누린다면 완벽한 삶을 살게 될까? 절대 그럴 리 없다. 남과의 경쟁에서 뒤처질 수도 있고 그로 인한 좌절을 겪을 수도 있다. 하지만 행복하게 성장했으니 결국 자신의 속도와 방향을 찾을 수 있다. 그리고 그 모든 과정에서 현재의 나를 사랑하는 마음을 잊지 않는다. 그리고 '내가 누구인지, 나는 어떤 사람이 되고 싶은지' 몰입하며 나를 사랑하는 사람들을 닮는다. 이게 행복한 아이가 어른이 되는 과정이다.

행복하게 자란 사람은 실패와 시련에 빠지더라도 곧 돌아갈 내 집을 기억한다. 불행의 터널을 지나면 도착할 행복의 공원이 삶에 새겨져 있다. 반면에 순위의 낭떠러지에서 평생을 위기로 살아야 한다고 세뇌당한 아이들은 터널이 언제 끝나는지도 모른다.

아이는 관심으로 크고 욕심으로 망친다. 아이가 잘되기를 원한다면 무엇보다도 닮고 싶은 부모가 되어야 한다. 나는 아이들에게 말한다.

"아빠는 너희를 잘 키우고 싶은 마음에 애쓰지만 오로지 너희 때문에 살진 않아. 아빠 인생의 중심은 아빠고 나의 행복을 쓰기 위해 살아. 너희들이 아빠가 행복하게 사는 것을 보고 닮았으면 좋겠어. 아빠가 생각하는 최고의 생존 기술은 '행복하게 사는 것'이거든."

물론 나 역시 아이들에게 불안감을 내비치고 과잉보호했다. 하지만 사진첩 속 시간을 되돌아보면서 깨닫는다. 아이가 세상을 살아 낼 가장 큰 힘은 불행을 피하는 요령이 아니라 행복으로 불행을 다스리는 힘이다. 그래서 불행을 겪지 않기보다 불행을 수용하고 행복을 향해 나갈 수 있는 마음의 근육을 키우도록 아이와 함께 성장하는 중이다.

솔직히 말하면 나도 선행학습을 다 막을 만큼 큰 배짱은 없다. 막아 보려 했지만 쉽게 되지 않았다. 다만 아이들이 불행하지 않기를 바라는 마음에 "남들과 비교하는 공부보다 스스로 나아지는 데 만족하는 공부를 하면 좋겠다."는 말과 함께 잠을 푹 잘 수 있도록 하고, 몸과 마음이 건강하기를 바라는 마음을 담아 아침을 차리는 데 힘쓴다. 아이들이 노력하고 싶을 만큼 좋아하는 일이라면 응원하고, 괴롭고 힘든 일이라면 언제든 내려놓고 다른 길을 찾아보라 말할 준비가 되어 있다.

나는 학생들이 불안에 떨지 않고 자신의 삶을 업그레이드할 확실한 방법을 알고 있다. 그래서 강의 때 꼭 전해 준다.

"선생님 시대에는 공부를 잘하는 사람이 지금보다는 드물었어요. 모두 공부하지는 않았으니까요. 그래서 공부를 잘하면 희소가치가 높았어요. 반면 요즘엔 누구나 다 열심히 공부하다 보니 경쟁이 훨씬 치열해졌죠. 그런데 선생님이 요즘 시대를 생각해 보니 공부보다 더 유리하게 살아갈 희소가치를 갖는 쉬운 방법을 찾았어요.

첫 번째로 예의를 갖추도록 해요. 요즘 부모나 학생들은 시험 공부는 선행까지 하는 반면에 예절교육은 제대로 가르치거나 배우려 하지 않아요. 크게 필요하지 않다고 생각하니까요. 그런데 사회에 나가면 예의 바른 사람은 어디에서든 인정을 받아요. 여러분은 예의 바른 사람이 옆에 있으면 좋겠어요? 아니면 없는 사람이 옆에 있으면 좋겠어요? 예의는 남을 편하게 해서 나를 편하게 하는 최고의 사회 지능이라는 사실을 잘 알았으면 좋겠어요. 이제 여러분들은 배웠고, 기회가 생겼죠. 그러니 이 기회를 놓치지 말아요. 예의는 몸에 익히면 평생 쓸 수 있는데, 어른이 되어서 갑자기 예의를 갖추려면 공부보다 더 익히기 힘들어요. 그러니 예의는 일찍 익혀야 해요. 시작은 '안녕하세요.'와 '고맙습니다.'만 잘해도 충분해요. 그렇게 하다 보면 상대방을 배려하는 능력이 엄청나게 발전한 자신을 만나게 된답니다.

두 번째로 책을 많이 읽도록 해요. 스마트폰 시대에 누구나 빠르게 정보를 습득할 수는 있지만 그게 올바른지 분별하려면 충분한 지식이 있어야 해요. 그리고 그 지식을 쌓는 데 가장 확실한 도구는 책이에요. 쌓은 지식을 삶에서 오랜 시간 동안 다듬어야 지혜가 됩니다. 유튜브나 쇼츠, SNS에 나온 정보는 '지식을 갖고 있는듯한 감정'을 만들어 줄 뿐이에요. 지식이 있는 사람과 느낌만 있는 사람을 가르는 가장 확실한 도구가 책이에요. 그런데 책을 읽으며 오래 사고하는 친구들이 갈수록 희박해지고 있어요. 그러니 남들이 갖지 않은 능력을 키우도록 해요. 좋은 대학에 가고 좋은 직업을 가져도 예의가 없고 깊이 생각할 능력이 없다면 고민을 나눌 친구도, 위기를 극복할 지혜도 없어 몰락하기 쉬워요. 반대로 예의를 갖추고 책을 읽으며 평생을 다듬어 가는 사람은 자신의 빛을 발할 기회가 꼭 옵니다."

나는 우리 아이들이 행복한 감정을 마음에 많이 새길수록 삶의 고통을 이겨 낼 힘을 스스로 만들어 낼 수 있다고 믿는다. 또한 남을 배려하고 깊이 생각하는 사람으로 성장하도록 응원한다.

진짜 선행(先幸)학습

우리는 선행이라는 단어를 어떤 뜻으로 쓸까? 어린아이가 자라면서 배우는 선행은 '착하고 어진 행실'을 뜻하는 善行(善 착할 선 行 행할 행)이다. 그런데 아이들이 학교에 들어가고 성적으로 우열이 나뉘는 순간부터 우리는 남보다 '먼저 앞서가는' 先行(先 먼저 선 行 행할 행)을 찾기 시작한다. 선행학습을 남보다 빠른 성공을 위한 필수 코스로 여긴 결과, 청소년들은 감정적으로 미숙한 어른으로 성장한다. 감정의 성숙을 보류하면서까지 선행학습에 매달렸는데도 기저에 깔린 불안감은 오히려 더 커지기만 한다.

나는 우리 아이들에게 행복하니까 노력하고 싶은 삶을 열어주고 싶었다. 어릴 때부터 행복하고 즐거운 일이 많았기에 앞으로 행복하게 살고 싶은 미래를 전해 주고 싶었다. 소유보다 경험을, 공부보다 독서를, 그리고 본인이 해야 할 일만큼 하고 싶은 일도 많이 누리게 하려 애썼다. 부모님께서 나를 그렇게 키워 주셨기 때문이다. 그런데 큰아이가 고등학교 1학년이 되고 나서부터 부쩍 얼굴이 어두워졌다. 본인이 남들보다 선행학습이 부족하여 시험을 보는 데 두려움이 생긴 것이다. 느긋하게 중학교에 입학한 둘째는 걱정이 많은 누나 덕분에 중학교 1학년부터 선행학습을 시작했다. 큰 불평 없이 적응하니 감사할 일이지만 혹여 불행해지지는 않을까 노심초사한다. 아이들에게 공부를 열심히 해서 똑똑한 머리를 가지게 되면 사는 데 유리하다는 뻔한 소리밖에 하지 못해 미안한 마음이다. 나이가 들어 학창 시절을 돌아볼 때 행복한 기억이 남아야 행복한 삶인데, 지금의 입시 체제는 비교와 경쟁의 압박으로 불안감과 불행감만 키우기 쉽다. 내 어린 시절엔 각자 원하는 미래를 낙관적으로 그릴 여지가 있었다. IMF 이후 사람들의 관심이 먹고 사는 일로 옮겨졌지만 그래도 남과의 비교보다는 내가 그린 미래를 향해 나아갈 수 있다는 희망은 분명히 있었다.

그래서 요즘 아이들이 불안과 초조, 불행감에 익숙해지는 모습이 안타까웠다. 충분히 재우고 싶은 아빠의 바람과 달리 딸은 잠을 줄이더라도 공부해야 한다며 장문의 편지로 불안감을 내게 털어놓았다. 청소년기 아이답게 자신을 한없이 작게만 여기고, 여러 장점은 지워둔 채, 단점 하나에 매달려 무너질듯한 모습이었다. 그래도 다행히 딸아이는 '내가 한없이 작아질 때, 아빠는 항상 나를 지키고 믿어 주신다.'는 믿음이 있었다. 아이가 넘어지더라도 자신의 힘으로 다시 일어서리라 믿기에 이렇게 답장을 썼다.

"내 딸 사랑아, 살다 보면 무너질 때도 있어. 무너지면 다시 일어나면 되는 거야. 살면서 가장 큰 힘은 다시 일어나는 힘이지 넘어지지 않는 힘이 아니란다. 넘어질 때마다 아빠가 안아 주고 믿어 줄 테니 맘껏 넘어지고 얼른 다시 일어나. 아빠는 많이 넘어져 봤더니 이제는 넘어지는 게 두렵지 않아. 그리고 그 힘으로 자유롭고 행복한 사람이 되었단다. 사랑이가 넘어지고 무너진 날이 오면, 그것은 삶의 교훈이 되는 좋은 경험이 될 거야. 아빠는 그때 꼭 잘했다고 칭찬해 주고 한 번 더 응원할 테니 걱정하지 마. 아빠는 사랑이의 모든 모습이 너무나도 사랑스럽고 귀하니까 하고 싶은 일이면 뭐를 해도 좋아. 알았지? ^^ 넌 이미 몇 번을 실패해도 잘 살 정도로 준비됐으니까 쫄지 마, 내 딸! 이 말만큼은 많이 실패한 아빠를 믿어도 된다.^^ 그리고 그거 알아? 진짜 인생 승부는 20대에 얼마나 많은 책을 읽는가에 달려 있어. 그러니까 책을 읽으면서 행복해지는 자신을 믿고 좋아하기만 해도 충분해. 게다가 하고 싶은 일이 참 많잖아. 아빠가 항상 곁에서 사랑이가 하고 싶은 일들을 좇을 수 있게 지켜 줄게.^^ 오늘은 사랑이의 멋진 날 중 하루가 될 거야.^^ 아빠는 오늘이 최고의 날이네.^^"

부모라면 누구나 어떻게 하면 내 아이를 행복하게 키울 수 있을지 고민한다. 내 결론은 '스스로 잘하고 싶을 만큼 좋아하는 일을 찾고, 때로는 실패에서 배우며, 자신의 두 다리로 일어설 때까지 믿고 지켜보는 아빠가 되기'다. 부모로서 욕심보다 관심을, 평가보다는 응원을 열심히 하면 된다. 그리고 무엇보다도 아이들이 행복한 사람으로 성인이 되는 길을 열어 줘야 할 것이다. 그런 의미에서 내가 생각하는 선행학습은 다른 데 있다. 아이들이 물건에 대한 욕심보다는 좋은 경험의 기억을 쌓도록 여행을 자주 다녔고, 학원에 다닐 시간보다는 도서관에서 책 볼 시간을 더 챙겼으며, 재능의 유무를 떠나 좋아하는 일을 찾고 시도할 때 칭찬했다. 그런 경험이 행복한 추억을 남겼기에 앞으로도 책을 읽고, 견문을 넓히며 좋아하는 일들을 찾는 사람으로서 미래가 기대되는 삶을 살 것이라 믿는다. 행복한 어른이 되려면 남들보다 앞선 공부가 아니라 '행복을 먼저 경험하고 기억하는 것' 즉 先幸(先 먼저 선 幸 다행 행)이 필요하다.

'행복(幸福)'은 '다행 행(幸)'과 '복 복(福)'으로 이루어진 말이다. 전통적으로는 '좋은 운수', '삶에서 만족과 기쁨을 느끼는 상태'를 가리킨다. 강의 중에 행복의 사전적 의미를 설명하면 사람들은 생각이 많아진다. 과연 우리가 바라는 행복은 복된 좋은 운수일까, 아니면 일상에서의 충분한 만족과 기쁨일까? 이것 하나만큼은 확실하다. 행운은 행복한 삶 속에서 찾을 때 생명력을 잃지 않는다.

혹시 내가 엉뚱한 길을 선택한 것은 아닐까? 부모로서 남들처럼 선행(先行)학습에 적극적이지 않아 아이들의 미래에 피해가 생길까 봐 때때로 불안할 때도 있다. 그래도 끝까지 믿는다. 우리 아이들이 행복한 어른이 된다면 어떠한 직업을 갖더라도 행복한 미래를 그릴 수 있을 것이고, 행복을 충분히 경험해야 불행이 찾아오더라도 충분히 수용할 힘이 생긴다는 사실을. 나는 우리 아이들이 행복으로 성장하고 노력할 힘이 솟기를 진심으로 원하는 만큼 더욱 행복을 추구할 것이다. 좋은 직업보다는 좋은 사람이 되고, 좋은 물건보다는 좋은 시선을 가지며, 무엇보다도 과거를 후회하기보다 미래를 기대하는 삶을 살게 하고 싶다. 그리고 그 원천은 분명 '행복한 경험의 축적'이라고 확신한다.

"성공한 사람이 되기보다는 가치 있는 사람이 되어라."라는 아인슈타인의 말을 곰곰이 곱씹었다. 성공을 가격으로 환산한다면 가격이 높은 사람이 되기보다 가치가 많은 사람이 되라는 뜻이다. 그리고 나는 항상 마음에 담아 두는 생각이 있다.
'가격은 가치에 수렴한다.'
우리 아이들이 삶의 가치를 키우며 행복하게 커서, 선행(善行)할 수 있는 사람이 되려면 진정한 선행(先幸)학습이 선행(先行)되어야 하지 않을까?

나는 남보다
빠르게 성공할 수 있을까?

성공한 인생은 무엇일까? 남보다 빠르게 올라 경쟁에 뒤처지지 않고 높은 곳에서 행복한 노후를 미리 준비하는 것이 이상적인 성공일까? 우리는 반드시 성공해야 할까? 성공이라는 언덕 끝에 과연 행복이 기다리고 있을까?

바쁘다고 푸념하는 사람에게 우리는 보통 "바쁜 게 좋지."라는 덕담을 한다. 나 역시 바쁘게 살면 성공에 빠르게 가까워지리라 믿었기에 여유로운 시간이 불안할 정도였다. 일도 노는 것도 열심히 하는 우리나라는 잠이 없는 나라다. 나 역시 20~30대의 평균 수면시간이 대여섯 시간을 넘지 않았고 잠은 어쩔 수 없이 자는 것쯤으로 생각했다. 깨어 있는 시간이 많으면 그만큼 남들보다 빠르게 성공할 수 있는 자원이 넉넉하다고 생각했다. 그렇게 살다가 마흔에 번아웃이 왔다. 다행히 이겨 내고 다시 일어나는 과정에서 실패를 거울삼아 많은 가르침과 용기를 얻을 수 있었다. 지금은 번아웃에 휘둘리지 않는다.

　창업을 준비하는 대학생들을 대상으로 《나는 빠르게 성공할 수 있을까?》라는 제목으로 강의했다. 강의 제목을 보고 학생들은 '남보다 빠른 성공'을 기대하는 눈치였다. 하지만 내가 우리 친구들에게 전한 내용 달랐다. 전력을 다할 에너지를 지속적으로 만들 수 있게 창의적으로 잘 쉬는 법, 그리고 남이 아닌 내가 원하는 진정한 즐거움과 의미를 찾기 위한 '속도보다 방향, 성공보다 성장'이었다. 청년들이 실패를 거울삼아 깨달음과 다시 도전할 용기를 얻고, 열정을 불태울 에너지를 스스로 만들기를 소원한다. 나 역시 수많은 실패와 그것을 극복하는 과정에서 실패를 두려워하지 않는 용기를 배웠다. 그래서 우리 아이들도 언젠가 실패 경험을 많이 했으면 좋겠다. 실패하지 않는 기술보다 언제든 다시 일어날 의지와 내 방향에 대한 신념이 진짜 힘이기 때문이다.

　실패가 없을수록 완벽해 보이지만, 삶은 실패의 과정에서 더 나은 방향을 찾는 지혜를 선물한다. 청춘의 열정은 빠른 성공을 꿈꾸겠지만, 정작 인생은 성장을 오래 즐기는 여행에 가깝다. 남들이 가 본 화려한 호텔과 멋진 여행지를 부러워해도 결국 내 행복은 여정 사이사이에 만나는 나만의 멋진 추억과 그로 인한 성장이다. 이 깨달음도 청춘을 다 쓰고 나서야 얻게 되는 선물이니 실패를 피하라는 조언도 적절치 않다. 내가 청춘에게 들려주고 싶은 이야기는 "남들보다 빠르게 가지 않아도 되고, 실패해도 괜찮으니까 무엇보다도 평생 내가 원하는 일을 찾는 데 불안해하지 말고, 그 시간을 쓰는 것을 두려워하지도 말라."는 것이다. 기껏해야 인생의 1/10도 채 안 되는 시간을 아까워하다 남은 생의 방향을 원치 않는 곳으로 틀어 버리는 것이 더 큰 불행이다.

특성화고에서 《좋아하고 잘하는 일을 찾아라.》라는 제목으로 강의했다. 강의 후, 한 여학생이 다가와 물었다.

"선생님, 저는 조리과에 다니는데요. 빵 만들기를 정말 좋아해요. 그런데 등수가 중간밖에 안 되어서 이 길이 맞는지 걱정이에요."

내가 되물었다.

"그런데 빵을 만드는 게 얼마나 좋아요? 언제까지 하고 싶어요?"

학생이 환하게 웃으며 대답했다.

"죽을 때까지요. 전 이 일이 가장 좋아요."

내가 학생의 눈을 가만히 바라보며 이야기했다.

"그러면 일단 이 일을 그만두고 싶을 때까지 오래오래 해 봐요. 좋아하는 일을 평생 하는 사람은 시간이 걸리더라도 결국 그 일을 그 누구보다 잘하게 돼요. 똑똑하기만 한 사람은 노력하는 사람을 못 이기고, 노력하는 사람은 좋아하는 사람을 못

이긴다고 했어요. 선생님은 우리 학생이 이렇게 빨리 평생 하고 싶은 일을 찾았다는 게 너무 부러워요. 나중에 멋진 빵을 만들고 파는 날이 오면 꼭 사러 갈게요. 남과 비교하지 말고 내가 원하는 길을 가요."

우리가 평생 좋아하는 일을 찾고 그 일을 오래 하고 싶다면 이 일이 평생 하고 싶은 일인지, 이 일로 성장할 수 있는지 잘 살펴야 한다. 나는 남과의 경쟁에서 앞서려고 바쁘고 또 바빴다. 속도 경쟁을 하듯 1년 365일 약국을 열고, 약국 외의 일도 수없이 시도하며 쉴 틈이 없었다. 감당하기 힘든 속도를 좇은 결과는 번아웃이었다.

하지만 나만의 속도와 방향을 찾은 뒤, 행복한 사람으로, 행복한 약사로, 그리고 '행복실천가'로 새로운 삶을 살고 있다. 사람들은 "정신없이 바쁘지 않아요?"라고 묻곤 하는데 나는 그리 바쁘지 않다. 이전보다 더 많이 일하는 것처럼 보여도 즐거움과 의미가 없는 일은 하지 않기 때문이다. 행복을 충전하고 그 행복 에너지로 즐거움과 의미가 가득 찬 일을 적절한 수준에서 먼저 휴식을 취하며 좋아하고 잘하는 순서대로 하고 있다. 그래서 쉴 만큼 쉬고 좋아하는 만큼 일하는 사람이 되었다. 놀이동산에서 하루 종일 좋아하는 놀이기구를 탈 때처럼 내가 원하는 삶을 사는 시간은 즐거움이 가득하다.

좋아하고 잘하는 일은 쉽지만 싫어하고 억지로 해야만 하는 일은 괴롭다. 요즘 아이들을 보면서 '고교 3년을 어떻게 버틸까?' 생각하다가 어쩌면 나도 그랬나 곰곰이 생각해 보니 그렇지는 않았다. 책 읽기가 즐거워 국어 공부가 좋았고 외국 사람과 이야기해 보고 싶어 영어 공부가 좋았다. 평생 쓸 일 없을 것 같아 수학 공부를 싫어했지만 그래도 양심에 어긋나지 않으려 애는 썼다. 보고 싶은 영화가 생기면 영어 공부를 핑계 삼아 봤고, 좋아하는 소설이 나오면 국어 실력을 키운다며 읽었다. 고등학교 시절에는 좋아하는 일들을 많이 하면서, 내가 원하는 방향으로 잘 가고 있었다. 오히려 어른이 되고 '성공'이라는 잘 모르는 목표를 이루려고 할 때가 힘들었다. 성공이란 목표에 겁먹고 지레 포기하거나 억지로 욕심을 내다 실패하기 마련이었다. 다행히 이제는 나만의 속도와 방향에 맞춰 좋아하고 잘하는 일에만 몰두하니 작은 성공에 큰 행복을, 큰 실패에도 짧은 불행을 느끼게 되었다. 남이 붙여 준 이름표로서의 성공이 아니라 내가 좋아하는 일을 맘껏 할 수 있는 삶이 진짜 성공이 아닐까? 청년기를 뒤돌아보면 인생은 그렇게 복잡하지도 치열하지도 않았다. 다만 즐거움과 의미는 없이 바쁘기만 했던 시간이 아쉬움으로 남았을 뿐이다. 이 깨달음만 있어도 누구나 자신의 속도와 방향에 맞게 성장하는 삶을 누릴 수 있다. 지나 버린 청춘이 아쉽다면 지금부터 다시 청춘을 살면 된다. '좋아하고 잘하는 일'을 찾아 하루하루를 산다면 우리는 평생 청춘으로 살 수 있다. 거울 앞에서 늘 어 가는 흰머리를 걱정하기보다 오늘 하루 어떤 행복을 쓸지 호기심에 가득 찬 내 눈을 보기에 나는 요즘이 제일 푸르다.

청춘에게 꼭 해 주고 싶은 말은 '인생은 좋아하고 잘하는 일을 찾는 과정'임을 기억하라는 것이다. 그리고 내가 찾은 방향을 성장의 원동력으로 삼기 위해서는 반드시 좌우명을 만들었으면 좋겠다. 내 삶은 내 좌우명이 이끄는 방향으로 흘러왔다. 내 삶의 방향을 구체적으로 그렸을 때 언젠가 그 모습이 되어 있기 때문이다. 프랑스의 소설가이자 정치가였던 앙드레 말로(André Malraux)는 이렇게 말했다.

"간절히 꿈을 그리는 사람은 마침내 그 꿈을 닮아 간다."

나에게 어떻게 살면 좋을지 물어보면 내 답은 한결같다.

"반드시 좌우명을 만들어라. 삶은 좌우명을 닮는다."

누군가는 '행복하면 복잡하지 않음'이라는 좌우명으로 여유롭고 행복한 삶을 살고 있으며 누군가는 '그럼에도 불구하고 감사할 일은 늘 내 옆에 있다.'라는 좌우명으로 매일매일 감사하고 행복한 삶을 살고 있다. 내가 원하는 삶의 방향을 정확히 보여 줄 나침반을 만들면 남보다 빠를 필요도 없고 남의 성공이 부러울 이유도 없다. 오직 나의 속도와 방향에 맞춘 행복한 삶이면 충분하다.

세상에서 가장 좋은 중독

앞서 고백한 대로 나는 중독환자였다. 지금도 언제든 재발할 수 있기에 아직도 중독환자라고 생각하며 조심하고 있다. 더불어 약사라는 직업과 나의 경험을 녹여 사람들에게 중독예방교육도 한다. 교육이 필요한 사람들을 만나서 중독을 조심하고 벗어나라고 이야기하는 일이지만 솔직히 나는 중독에서 벗어나는 일은 불가능하다고 생각하는 사람이다. 그래서 차라리 '좋은 중독'에 빠지기를 권한다. 내가 이야기하는 '세상에서 가장 좋은 중독'은 '행복'이다.

내가 빠졌던 중독은 '나를 파괴하는 쾌락'이었다. 쉽게 얻을 수 있는 쾌락을 행복이라 착각했다. 그리고 착각의 끝에서 한 가지 깨달음에 도달했다. '이 행동들은 내 삶에 아무런 의미가 없구나.'

〈행복 = 즐거움 + 의미〉라는 공식을 떠올려 보자. 어떤 일이 내게 즐거움을 선사하고 삶에 의미가 있다면 행복이라 부를 수 있다. 기분 좋게 운동하는 일이 그렇고, 남을 도우며 보람을 느끼거나, 쉽지는 않겠지만 직장에서 즐겁게 일하면 이 또한 행복이라 말할 수 있다. 즐거워하는 일에 의미를 더하거나 의미 있는 일을 즐겁게 하면 행복이 되는 것이다.

반면에 즐거움이 나와 내 주변을 해치는 일이라면 삶을 파괴하는 중독이라 말할 수 있다. 특히 쉽게 얻는 쾌락일수록 중독에 빠지기 쉽다. 역치가 쉽게 높아져 시간이 흐를수록 몸을 해치면서까지 쾌락을 원하게 만든다. 나를 파괴하는 물질 중독의 대표인 술·담배·마약이나 온 가족을 파괴하는 행위 중독의 대표인 도박이 이 부류에 속한다.

이러한 중독에서 벗어나려면 단순한 의지만으로는 불가능함을 인정해야 한다. 강인한 의지와 함께 전문가의 치료가 필수적이다. 알코올 중독자는 강제 입원을 해서라도 치료를 받고, 도박중독자는 단도박 모임을 나가는 등 끊임없는 노력이 필요하다. 그런데 정말 중요한 치료제는 다름 아닌 행복이라는 사실을 다음의 실험 결과에서 알 수 있다.

1970년대 브루스 알렉산더(Bruce K. Alxeander)와 동료들은 쥐를 대상으로 '쥐 공원(Rat Park)'이라는 마약중독 실험을 진행했다. 좁은 개별 케이지 군과 다른 쥐들과 놀고 어울릴 수 있는 넓은 쥐 공원 군으로 나눠 쥐를 넣고, 쥐가 물과 모르핀 용액 중 원하는 쪽을 선택해서 마시게 했다. 개별 케이지에 격리된 쥐는 모르핀을 유의미하게 더 마셨고, 공원의 쥐는 대체로 물을 택했다. 어떤 조건에서는 격리된 수컷의 모르핀 섭취가 공원 수컷보다 16배, 격리 암컷은 5배 더 섭취했다.*

또 다른 조건에서는 57일 동안 모르핀만 마시게 한 뒤 중독에 빠진 상태에서 쥐에게 선택권을 주었다. 이 경우에도 격리된 쥐가 공원의 쥐보다 모르핀을 더 찾았고, 공원의 쥐는 물을 더 마셨다.** 이 결과는 주거·관계·활동 같은 생존에 유리한 환경 요인이 약물 그 자체의 힘 못지않게 섭취 행동을 좌우할 수 있음을 시사한다.

이 실험은 중독을 '참아서 버티게'만 하는 접근이 중독에서 벗어나기에 어렵다고 말한다. 대신 안전하고, 의미 있고, 즐거운 삶을 가능하게 하는 환경을 만들면 행복한 삶을 살고자 하는 마

---

* The effect of housing and gender on preference for morphine-sucrose solutions in rats P F Hadaway, B K Alexander, R B Coambs, B Beyerstein
** The effect of housing and gender on morphine self-administration in rats B K Alexander, R B Coambs, P F Hadaway

음이 중독에서 벗어나는 힘이 될 수 있음을 보여 준다.

쥐만의 이야기가 아니다. 사람에게도 충분히 적용된다. 내가 무의미한 중독에서 벗어나 행복을 선택하게 된 이유이기도 하다. 외로움에 빠져 있고, 고통스러울 때는 중독에서 벗어나려는 의지도 벗어날 힘도 없었다. 그런데 가족과 함께하고 좋은 환경을 갖추자 스스로 행복해지려는 마음이 더 강해졌다. 아무리 쾌락이 나를 지배하려 해도 즐거움과 의미가 공존하는 행복을 이길 수 없다는 사실을 잘 알기에 결국 나는 세상에서 가장 좋은 중독인 '행복'을 선택할 수 있었다.

아직도 무의미한 쾌락에 다시 중독될 수 있다는 사실을 잊지 않는다. 언제고 또다시 불행의 고통을 이기지 못할 수도 있고, 중독에 빠질 수도 있다. 하지만 그러한 중독에 빠질 위험이 느껴질 때마다 나는 내가 가장 좋아하는 행복에 중독되기 위해 더욱 노력할 것이다.

나는 세상에서 가장 좋은 중독, '행복 중독자'다.

손해 볼수록 행복해지는 마법

손해 보는 것을 좋아하는 사람이 있을까? 손해는 생존에 불리하고 생존에 불리한 일은 불행을 부른다. 그런데 나는 손해 볼수록 행복해지는 마법을 안다. 그것도 두 가지 손해를 꾸준히 보며 행복해지는 삶을 살고 있다.

첫 번째는 '결혼'이다. 나는 기꺼이 손해 보며 행복한 결혼생활을 누리는 중이다. 나보다 더 크게 손해 보는 사람은 나와 함께 사는 천사님이다. 오죽하면 내가 천사님이라 부를까? 천사님은 언제나 자신 있게 "나는 당신에게 손해 보고 사는 사람이에요."라고 웃으며 말한다. 정말 그렇다. 일상이 나를 위해 손해를 보는 사람이니까. 물론 나 역시 그렇다. 우리가 서로 손해를 거듭하는 이유는 내가 보는 손해가 고스란히 상대의 이익이 되기 때문이다. 50년 넘게 서로 손해 보며 행복하게 살아오신 부모님의 결혼생활은 최고의 모범답안이다. 엄마한테 언제나 오늘이 제일 예쁘다고 진심으로 말씀해 주시는 아빠와 일거수일투족을 다 챙기시며 매일 아빠를 칭찬하시느라 바쁜 엄마를 볼 때도 좋지만, 암만 봐도 손해인 일들을 당연하게 받아들이는 두 분을 볼 때마다 결혼에서 손해는 시간이 지날수록 행복의 복리를 가져다주는 최고의 인생 투자임을 확신한다.

국민학교 저학년 때 '천국과 지옥의 식사' 이야기를 듣고 오래 되새겼다. 어떤 사람이 꿈에서 천국과 지옥의 식사 시간을 구경할 기회가 생겼다. 우선 지옥을 구경하기로 했다. 지옥의 광경은 엉망진창이었다. 화려한 식탁과 진수성찬이 있었으나 음식을 반드시 자기 키만 한 수저나 포크로 먹어야 한다는 원칙 때문에 음식을 제대로 먹지도 못하고 배고파 다투는 게 일상이었다. 지옥다운 벌이라 생각하며 천국으로 이동했다. 그런데 천국의 식탁이 지옥의 식탁과 완벽하게 똑같았다. 한 가지 다른 점이 있었는데 천국에서는 음식을 내가 아닌 다른 사람에게 정성스럽게 먹여 주며 행복을 나누는 것이다. 어린 내게 '남을 위한 손해가 행복'이라는 첫 깨달음을 준 이야기다. 결혼이 그렇다. 기꺼이 손해 보는 결혼은 천국의 식사 시간, 손해를 걱정하는 결혼은 지옥의 식사 시간이다.

사랑의 결실이 결혼이다. 결혼할 때는 누구나 "나보다 내 배우자를 더 아끼겠다." 다짐하지만, 결혼 후에 그 마음이 깨지는 경우가 많다. 그래서일까? 내가 만나본 미혼남녀들이 결혼을 두려워하는 가장 큰 이유는 '손해 보기 싫은 마음' 때문이다. 혼자라면 그런 생각도 자연스럽다. 하지만 결혼에서 손해가 곧 행복이 된다는 사실을 알게 되면 두려움은 줄어들 것이다. 그래서 손해 보는 행복을 알리고자 내 경험을 토대로 《결혼은 손해 보려고 하는 일이다.》라는 강의도 하고 있다. 나는 이 책을 쓰고 있는 지금까지 열 쌍을 이어 줬고, 그 입소문을 들은 결혼정보회사 대표님의 제안을 받아 커플카운슬러가 되었다. 결혼하고 싶은 사람이 행복한 결혼생활을 위한 마음가짐을 갖도록 돕고 있다.

 사람들이 결혼을 원하는 가장 큰 이유는 '영원한 내 편'을 만나고 싶어서다. 친구가 말했다. "살아 보니까 인생 최고의 친구는 아내더라." 깊이 공감한다. 세상에 단 한 명의 친구가 남는다면 확률이 가장 높은 사람은 역시 배우자다. 서로 사랑하는 사이면서 동시에 가장 편안한 사람, 허물까지 감싸줄 수 있는 평생의 내 편이다. 사람 인(人)자가 서로 기대고 있는 모양에서 유래되었다는 설처럼 사람은 혼자가 아닌 서로가 기댈 수 있을 때 완성된다. 심리학에서도 나를 위할 때 만족감이 100%라 하면 내가 소중히 여기는 사람을 위할 때 만족감은 120~150%까지 오른다니 결국 우리의 뇌는 남을 위한 손해를 더 큰 행복으로 보상하는 셈이다. 즉 배우자를 위한 손해는 더 큰 행복이라는 생존의 도구가 되는 것이다.

내가 열 번째로 연을 이어 준 사람은 함께 일하는 파트너 오주용 약사다. 성실하고 마음씨 착한 청년임에도 불구하고 결혼이 두려웠고, 결혼 전 갖춰야 할 조건들에 사로잡혀 있었다. 행복한 약사가 될 방법을 찾고자 나를 찾아온 사람이었기에 나는 내 경험을 토대로 자신 있게 말했다.

"행복한 약사가 되려면 행복한 사람이 되어야 해요. 그런데 행복한 사람이 되기 위해서는 행복한 결혼생활이 우선입니다."

더불어 결혼에 가장 필요한 것은 조건이 아닌 내가 결혼하고 싶은 사람과 함께할 여정의 지도(같이 향할 미래)와 지도에 맞는 방향을 찾는 나침반(가치관)이 맞는 사람을 찾아야 한다고 말했고, 마지막으로 무엇보다 중요한 '손해 보며 살 마음'을 준비하라고 알려 줬다. 다행히 천생연분을 만나 아이도 낳고 꾸준히 손해 보며 잘 살고 있다. 결국 손해 보는 결혼을 하며 행복한 사람이 되고 행복한 약사가 되어 잘 살고 있다. 과연 이보다 큰 이득이 어디에 있을까?

두 번째 손해가 바로 '출산과 양육'이다. 결혼이 쌍방의 손해라면 출산과 양육은 일방적인 손해다. 아이를 낳아 기르는 동안 부모는 자식을 위해 인생을 바치고 헌신하는 것이다. 내 생명보다 더 소중한 것이 아이의 생명이고, 내 행복보다 아이의 행복이 우선하니 한 사람의 삶을 볼 때 이보다 더 큰 손해가 없다. 그러나 많은 어르신이 행복했던 시절을 추억할 때 십중팔구 말씀하신다.

"그때는 몰랐지만 지나 보니 아이들을 키우느라 고생했던 때가 제일 행복했지."

단순히 지나간 고생의 시간을 미화하는 것이 아니다. 우리가 부모의 삶을 살면서 손해가 클수록 더 큰 행복을 느끼도록 설계된 본능 때문에 느끼는 감정이다. 행복호르몬 중 하나이자 사랑과 유대감의 호르몬 옥시토신은 내가 아닌 내 주변을 위할 때 분비된다. 임신 중인 엄마에게 높아지는 이 호르몬은 임신과 출산의 고통을 이기게 해 주며 밤새 칭얼대는 아이에게 모유 수유할 때도 분비된다. 아빠가 밤늦게 일하고 집으로 돌아와 아이들이 '아빠'라고 외치며 달려드는 모습에 피로가 사라지고 행복감을 느끼는 것도 같은 이유다. 그러니 출산과 양육을 경험하지 못했다면 이 행복감을 경험하지 못하게 된다. 결국 손해를 봐야 경험할 수 있는 행복은 그만큼의 고통을 수용하고서야 얻을 수 있는 것이다.

출산과 양육의 고통은 단순한 위로와 응원으로 보상받을 수 있는 수준이 아니다. 그렇기에 생리학적으로 유전자가 우리에게 내리는 상과 벌을 논할 수밖에 없다. 대개 20~30대의 미혼 남녀는 자신의 생존을 위해 치열하게 산다. 자신의 생존에 대한 안정감 없이 어찌 출산과 양육의 여유가 생기겠는가? 그렇게 40대에 접어들면 생활의 안정과 비례하여 평온과 행복이 찾아와야 하겠지만 실제로는 그렇지 않다. 가임기가 얼마 남지 않은 미혼 남녀의 걱정은 결국 유전적 명령을 거부한 데에 따른 벌로 불안감과 절망감을 받게 된다. 인간의 생존 이유가 유전자 전달이라는 정의는 매우 잔인해 보이지만 그 명령체계를 따랐기에 인류가 유지될 수 있었다. 그 보상으로 자손을 둔 세대는 종말의 두려움에서 한 걸음 물러설 수 있지만, 자신만의 행복을 위해 다음 세대를 준비하지 않은 선택은 뒤늦게 가혹함으로 다가온다. 결국 출산과 양육을 무시할수록 뒤늦게 찾아온 불행이 커지는 구조다. 다행히 수명은 늘었어도 출산과 양육이 가능한 시간은 이에 비례하지 않기에 우리는 손해 보는 행복과 더불어 이익 보는 행복의 시간도 충분히 즐길 수 있는 시대를 살고 있다.

결혼도, 출산도, 양육도 모두 손해다. 하지만 그 손해가 주는 행복이 개인을 넘어서고 손해들이 모여 결국 우리 모두의 이익이 된다. 아이의 삶이 선으로 이어지고 어른의 삶이 면으로 넓어진다면, 결혼은 입체로 진화하는 것이고 출산과 양육은 흑백에서 총천연색으로 터지는 인생의 향연이다. 그리고 그 사이사이에 나는 오로라보다 영롱한 아이들의 영혼을 아이들의 눈에서 느끼고, 부모로서 내 아이의 우주가 되어 살아간다. "같은 나이면 결혼하고 애를 낳은 사람이 어른이다."라는 말은 틀린 말이 아니다. 그들의 눈엔 행복의 깊이가 있고 감사함의 깨달음이 있다. 아직 결혼하지 않고 부모가 되지 않은 사람에게 이 맛을 전달할 방법을 어떻게든 찾고 싶다.

나를 사랑하지 않으면
남을 사랑할 수 없다

 20대의 방황도 30대의 열정도 지나고 나니 어느 정도 이해가 됐다. 착오를 반성했고 30대의 열정으로 탄탄한 앞날을 만들고 있다 믿었다. 하지만 40을 맞고서 겁이 났다. '내 인생이 80이라면 절반을 올라왔는데 앞으로 절반을 더 올라가야 하나? 지금까지 뛰고 구르고 넘어지며 달려오는 시간 동안 나는 어떤 사람이 되었지?' 앞으로 40년을 더 달려갈 자신이 없었다. 한 집안의 가장이고 3대의 기둥이었으며 삶의 중심에 있었지만 나 자신을 사랑하지 못했다. 불안감을 넘어 불행감이 채워지던 시기였다.
 '바쁨'이 미덕이라는 착각으로 내 시간을 더 많은 돈과 환산하려고 365일 약국을 열었다. 가족을 위해 돈을 버는 데만 매달렸다. 행복한 사람은 경험을 사고 불행한 사람은 물건을 산다. 나는 계속해서 쓸모없는 물건을 사며 내 노력에 대한 보상이라 착각하고 살았다. 무엇을 왜 샀는지 기억도 없는 흔적들이 지금도 아프다. 정작 내게 정말 필요했던 것은 가족과의 행복한 사진, 추억을 쌓을 시간이었다. 그렇게 나는 몇 발만 더 가면 날아오르리라 생각하며 낭떠러지로 향하고 있었다. 다행히 내 마음은 나를 멈춰 세웠고 자기 자신을 사랑하라고 말했다. 가족의 지지 속에 40대의 첫해에 안식년을 갖고, 오직 나만을 위한 시간을 보냈다. 멈춤의 시선으로 삶을 바라보니 더 달릴 필요도 날아오를 필요도 없었다. 길가에 핀 꽃, 눈 위에 펼쳐진 파란 하늘, 맛있는 음식을 만들고 나눌 시간, 행복을 만끽할 여유만 있으면 언제 어디에서든 쉽게 행복했다.

안식년을 보내고 난 후 주변 사람들은 부럽다며 기분을 묻는다. 나는 답 대신 "한 번은 꼭 해 보세요."라며 권한다. 그러면 십중팔구 불가능한 사정을 듣게 된다. 쉽지 않은 일이 분명하다. 내가 운이 좋았을 뿐이다. 그래서 살짝 말을 바꾼다. 안식월을 가져 보라고, 그게 안 되면 안식일은 어떻겠냐고. 그것도 어렵다면 하루 30분은? 대신 최소 매일 30분은 지켜야 한다. 이유는 단 한 가지다. 나를 사랑하는 시간을 놓치지 않기를 바라는 마음이다. 이 순간만큼은 그 누구도 아닌 오직 나만을 사랑하는 시간 속에서 나를 지켜야 한다.

그렇다고 오직 자기 자신만 사랑하는 것은 이기적이다. 다만 자기 자신을 사랑하는 마음으로 시작되는 헌신이 함께한다면 이기심은 자애심으로 자애심은 이타심으로 바뀐다. 자신을 사랑하는 사람의 눈에는 다른 사람도 사랑스럽다. 약국에서 자식을 챙기는 엄마나 남편을 챙기는 아내를 보면 꼭 하는 말이 있다.

"지금 아이를 챙길 때가 아니에요. 제가 보기엔 엄마는 본인을 우선 챙겨야 해요. 엄마들을 보면서 가장 안타까울 때가 있어요. 엄마는 대부분 자신이 아플수록 가족을 생각해요. 가족에 대한 사랑이 크죠. 그런데 그것은 잘못된 사랑이에요. 내가 힘들어도 가족 먼저 챙겼는데, 정작 가족은 내가 힘들고 아플 때 알아주지 않으면 제일 서운하거든요. 어린아이는 엄마 얼굴을 가장 많이 봐요. 그런데 그 얼굴이 늘 힘들다면 우리 아이는 힘든 우주를 보고 자라요. 세상에서 제일 좋은 사람이 지쳐 있는데 아이의 우주가 밝을 리 없지요? 엄마가 자신을 먼저 사랑하고 그 사랑으로 가족을 바라보세요. 내가 나를 사랑해야 남을 사랑할 힘이 생깁니다. 내가 행복할 때, 가족도 내 주변도 모두 행복하게 만들고자 애쓰는 시간이 즐겁습니다."

매일 아침 나를 행복하게 한 뒤에 오르는 출근길에는 마음이 여유롭다. 끼어드는 차도, 막힌 신호도, 가끔 하는 지각도 '그럴 수 있지.'라는 마음이다. 하지만 때때로 불행하다 느껴질 때는 나 역시 상황을 좋게 볼 여유가 없어진다. 나도 모르게 안 좋은 소리가 나오기도 하고, 신호를 무시하고 내 갈 길을 가고 싶은 마음이 치솟기도 한다. 인간의 의지력은 총량의 법칙을 따른다. 행복은 의지력을 충전시키고, 불행은 방전시킨다.

행복을 실천하기 위한 좋은 두 가지 기법이 있다. 하나는 심리주의 기법이요, 다른 하나는 환경주의 기법이다. 일체유심조(一切唯心造)는 대표적인 심리주의 기법이다. 모든 게 마음먹기에 달려 있다는 좋은 말이다. 그러나 환경 자체가 불행하면 '염불하고 자빠진 소리'가 된다. 심리주의 기법이 마음의 방향을 바꾸어 행복을 느끼는 방법이라면, 환경주의 기법은 삶의 자리를 바꾸어 행복을 만들어 쓰는 방법이다. 그래서 내 환경을 행복하게 바꾸는 데 주저함이 없어야 한다. 오직 나를 행복하게 할 시간을 확보하자. 내가 행복해야 남의 행복이 반갑다. 나를 사랑하지 않으면 남을 사랑할 수 없다. 나를 사랑할 줄 아는 사람이 남을 사랑할 때 행복은 더욱 커진다.

내가 밝아질 때, 내 곁은 환해진다.

노중(老中)을 준비하라

'무엇을 해야 할까?' 평생 살면서 스스로에게 가장 많이 던지는 질문이 아닐까? 어려서는 공부하고, 어른이 되면 일하며 가정을 꾸리고, 아이를 키우고 부모도 모시며 더 나아가서는 사회에 공헌하고…. 이렇게 내 눈앞의 과제를 그때그때 고민하며 일생을 산다. 그러다 문득 고개를 들면 은퇴가 코앞에 있다.

은퇴는 "평생을 충분히 일했으니 더 이상 사회에서 고생하지 말고 편히 쉬어라."의 뜻일 수도 있고 "이제는 쓸모가 없으니까 물러나라." 소리일 수도 있다. 어떤 의미로든 주연에서 조연으로 물러나란 말은 달갑지 않다. 약사라는 내 직업은 정해진 은퇴 시기가 없다. 그래서 평생 은퇴 걱정은 없겠다는 주위의 말을 자주 듣는다. 평생 쓸모가 있다는 소리니 고마운 이야기다. 하지만 남들 쉴 때도 일하라는 말로도 해석되니 항상 반갑지만도 않다. 누군들 일찍 은퇴하고 하루 종일 놀고 싶은 마음이 없을까? 한때는 빨리 은퇴하려고 남들보다 더 열심히 일하며 돈을 벌기 위해 애썼다. 하지만 그 길이 내 길은 아니었다. 앞으로 '어떻게 살아야 할까?'를 고민하던 중 맘에 쏙 드는 생각이 떠올랐다.

'내가 좋아하는 일이라면 은퇴할 필요가 없지 않을까?'

해야 할 일들에 치어 살다 보면 그 일에서 벗어나고 싶다가도 막상 앞으로 할 일이 없으면 허전해진다. 인간은 행위로써 자신의 존재를 증명하는 동물이기 때문이다. 내가 좋아할 만한 일을 골똘히 생각했다.

'은퇴할 즈음에 다음 일을 찾기보다는 지금부터 오래오래 하고 싶은 일을 찾아서 다듬으면 좋지 않을까? 말하는 게 좋고 사람들의 즐거운 표정을 좋아하니까 이왕이면 말하는 일을 찾아보자. 친구들이 내가 항상 행복 타령한다고 했으니 내가 좋아하고 잘하는 행복 이야기를 하는 강사가 되면 좋겠어!'

이런 생각이 즉시 결심까지 이어지진 않았지만 '해야 할 일(to do list)' 중심의 삶에서 '원하는 일(WANT to do list)' 중심으로 시선을 옮겼더니 세상이 놀이터처럼 즐거워지기 시작했다. 하루는 음식점으로 40년을 한 우물만 파셨던 엄마께서 한숨을 쉬듯 말씀하셨다.

"내 삶이 어딘가 있을 줄 알았는데 이 삶이 내 삶이었구나."

엄마의 말씀에 나는 언젠가 꼭 드리고 싶었던 말씀을 드렸다.

"엄마께서 아빠와 함께 삼계탕집을 하면서 우리 가족을 행복하게 지키셨고 다른 사람들에게도 인정을 받으셨지요? 이 말은 엄마도 행복하게 일하셨다는 뜻이에요. 사람들을 돕는 일에도 많이 애쓰셨죠. 이런 엄마의 삶은 많은 사람들이 부러워하는 훌륭한 삶이에요. 지금까지의 멋진 삶처럼 이제는 엄마로서, 또는 요리사로서 살기보다는 좋아하는 일로 채워진 자연인 신형근의 삶을 만끽하세요. 엄마께서 궁금해하시던 영어 공부도 시작하시고 지금처럼 30년 넘게 하신 수영도 계속하시면서요."

친한 형님과의 저녁 자리였다. 형님이 진지하게 말씀하셨다.

"평생 열심히 일했는데 얼마 뒤면 퇴직이네. 이제 퇴직하면 어떤 일을 할지 고민 중인데 뭐를 해야 할지 모르겠어."

같은 말씀을 드렸다.

"형님, 형님은 남보다 더 성실히 일하셨고 그 덕에 은퇴 후의 삶도 그리 두려울 일이 없으니 해야 할 일보다는 하고 싶은 일에 집중하셨으면 좋겠습니다. 어른들과 달리 아이들의 하루가 행복한 이유는 하고 싶은 일이 많기 때문이거든요. 저도 약사라는 직업을 해야 할 일로만 생각했을 때는 빨리 그만두고 싶은 생각도 많았지만 좋아하는 일을 하게 해 주는 디딤돌이라고 생각하니 약사로서 지내는 시간이 참 좋습니다. 형님께서 은퇴하시더라도 몸과 마음은 쌩쌩하지 않습니까? 해야 할 일은 없어지고 하고 싶은 일만 찾아서 하시면 되니까 얼마나 좋은 기회인가요? 내 몸과 마음만 잘 지키면 어린아이의 마음처럼 내가 원하는 일만 마음껏 즐길 수 있습니다. 예전과 달리 건강하게 나이 드는 요즘은 노후(老後)가 아니라 노중(老中)을 즐길 수 있는 시대입니다. 우리는 나이 들어서도 인생 여정의 한가운데(路中) 있다는 말입니다."

해야 할 일을 잘 마무리하고 앞으로 하고 싶은 일만 마음껏 하며 사는 모습을 상상만 해도 벌써 행복해진다. 그렇다면 방법을 찾아서 해야 할 일(to do list) 사이에 원하는 일(WANT to do list)도 함께 넣으면 어떨까? 40년을 해야 할 일에 매여 살아오신 엄마는 그 굴레를 내려놓고 하고 싶은 일을 찾기까지 2년 가까이 멀미를 하셨다. 마치 40년간 타던 차에서 내린 듯한 모습이었다. 나는 그 과정을 지켜보며 해야 할 일과 하고 싶은 일은 갑자기 끊기고 이어지지 않고 서서히 자리를 바꿔 간다는 사실을 깨달았다. 그리고 이제는 좋아하는 일을 하나씩 준비하고 실천하며 노중을 준비하고 있다.

하고 싶은 일을 부지런히 찾다 보니 내가 원하는 삶을 미리 들여다볼 기회가 생겼다. 나의 고등학교 생활을 행복한 추억으로 만들어 주신 은사님을 찾아뵙고 식사를 하게 된 것이다. 지난 이야기와 함께 앞으로의 계획도 말씀드렸더니 잘 살고 있는 제자의 모습에 은사님은 기뻐하셨다. 몇 번을 더 뵙다 보니 어느새 나는 은사님들의 모임인 〈보성 아카데미〉의 정규 멤버가 되었다. 매달 한 번 모일 때마다 존경해 마지않는 분들을 뵐 수 있으니 좋고, 건강하고 행복하게 모임을 하시는 은사님들을 뵈면서 나의 미래를 그릴 수 있어 더욱 좋다.

행복한 노중을 사시는 은사님들을 가까이에서 뵙는 일은 내게 최고의 배움이다. 20년 가까이 차이 나는 은사님들을 뵈면서 지금도 가르침을 받을 수 있는 학생이 될 수 있어 더할 나위 없이 행복하다. 어느 날 선생님들의 노중이 궁금해서 여쭤보았다.

"외람되지만 평생 교직에 계셨기에 연금만으로도 큰 부족함은 없으실 텐데 아직도 일을 하시는 이유를 여쭤도 될까요?"

안전지킴이로 일하시는 은사님께서 웃으며 답해 주셨다.

"돈은 쓰는 재미도 물론 있지만 크고 작음을 떠나 내 힘으로 버는 재미가 더 크지. 내가 돈을 벌 수 있어 즐겁고 내 가치를 증명하는 시간이 기분이 참 좋아. 특히 아이들을 보며 내가 웃어 줄 때 우리 아이들이 즐거워하는 모습을 보면 얼마나 즐거운 일인지 모르겠어."

고등학교 생활이 즐겁고 행복할 수 있도록 가장 큰 힘이 되어 주셨던 은사님께서 이렇게 말씀하셨다.

"젊을 때 고생을 많이 한 기억이 때로는 고통일 수도 있지만 돌이켜 보니 그때를 잘 이겨낸 나 자신을 칭찬할 수도 있겠다 싶어. 그리고 이제는 내 시간을 내가 원하는 대로 쓸 수 있고, 그 시간을 쓸 건강한 몸을 갖고 있다는 사실을 감사하는 것만으로도 내 삶은 행복한 삶이 되더라고. 앞으로의 인생은 더 살아 봐야 깨달을 수 있으니까 딱 지금만큼만 건강하고 행복하면 충분해. 요즘엔 걷는 게 참 좋아. 걷는 동안 나와 이야기하는 시간이 생기거든."

나이 들수록 더 즐겁게 살아야 한다. 좋은 사람들과 어울리고 자신의 가치를 확인하는 일로 삶을 채워야 한다. 은사님께서는 여전히 자신의 가치를 보여 주고 계시며 건강을 유지하기 위해 노력하고 건강한 관계를 통해 본인의 삶을 잘 누리신다. 덕분에 나는 행복한 은사님들께 배우고 깨달으며 노중을 준비한다.

그렇다고 사회에 가치를 증명하기 위해 쉬지 않고 일해야만 노중을 제대로 준비한다고 이야기하는 게 아니다. 평생 열심히 충분히 일했다면 오직 나만을 위해 사는 것 또한 멋지게 노중을 사는 길이다. 얼마 전 찾아뵌 고등학교 3학년 때 담임선생님께서는 낭만 가득한 삶을 살고 계신다. 30년 전 기억과는 다른 모습이었다. 선생님께서는 항상 최선을 다해 일하셨다. 어느 날

늦은 밤 종례 시간에 선생님께서 하신 말씀이 기억에 남는다.

"너희들 열심히 공부하는 것 안다. 그런데 나도 열심히 공부하고 있다. 너희를 더 잘 가르칠 수 있는 사람이 되기 위해 대학원에서 열심히 공부하고 있어."

학교에서 제자를 가르치고 지키시느라 힘드실 텐데 대학원을 또 다니고 계신다는 말씀에 내 게으름을 자책했다. 그리고 30년이 지난 자리에서 솔직하게 요즘의 내 심정을 말씀드렸다.

"행복하고 여유롭게 잘 살고 있습니다."

기억 속의 선생님을 생각했기에 더 부지런히 살고, 더 열심히 해야 한다고 말씀하실 줄 알았는데 돌아온 답변이 의외였다.

"매우 잘하고 있다. 잘 살고 있다는 소식이 스승으로서는 제일 반가운 이야기야. 기분이 정말 좋구나. 앞으로도 지금처럼 행복하고 여유롭게 잘 살아라."

이어진 저녁 동안 은사님의 행복한 노중을 들을 수 있었다. 선생님께서는 퇴직 전부터 퇴직하고 나서 무엇을 하고 싶은지 고민하셨다. 그러던 중 우연히 듣게 된 색소폰 소리에 반해 58세에 악기를 시작하셨고, 지금은 매일 음악연주와 퍼즐 맞추기 등 여러 취미생활을 즐기며 일상을 본인의 즐거움에 맞춰 살고 계신다. 선생님의 이야기 끝에 제자를 위한 가르침도 주셨다.

"인생은 흘러가는 물처럼 자연스러운 방향을 찾아가는 거야.

노력도 중요하지만 억지로 사는 게 아니라 내 마음을 따라 자연스럽게 살면 되지. 남이 아니라 내 기준대로 살면 그게 내 삶을 잘 쓰는 제일 좋은 방법이야."

얼마나 잘 따라 할 수 있을지 몰라도 선생님께 색소폰 연주를 배우고 싶다는 부탁을 드렸다. 수학 선생님의 제자에서 색소폰 제자, 삶을 잘 쓰는 방법을 배우는 제자가 될 시간이 기다려진다.

하고 싶은 일을 찾으려면 어떤 기준을 잡아야 할까? 퇴직 5년 미만 공무원들을 대상으로 한 《노중을 준비하라》 강의에서 이야기했다.

"평생을 나의 직장(職場)에서 남들의 눈, 남들의 기대에 맞춰 사셨으니 이제 직업(職業) 중 직(職)을 내려놓으시고 나의 업(業)을 따라 반드시 내가 하고 싶은 일을 찾아 나답게 사시기를 바랍니다. 석보상절에서 전하는 '아름답다'의 본래 뜻은 '나(我)답다'입니다."

하고 싶은 일, 좋아하는 일을 찾는다면 가장 확실하게 구분하는 기준은 '나다운 일'인지 그렇지 않은지를 구분하는 것이다.

95세 노인의 수기라는 이야기로 사람들에게 알려진 호서대 설립자 고(故) 강석규 총장의 이야기는 노중을 준비하는 마음가짐을 절실하게 보여 준다.

"내 나이 95세, 나는 이제 하고 싶었던 어학 공부를 시작하려 합니다. 그 이유는 단 한 가지, 10년 후에 맞이하게 될 105번째 생일날, 95살 때 왜 아무것도 시작하지 않았는지 후회하지 않기 위해서입니다."

노중을 살기 위해서는 **원하는 일을 위해 행복하게 살아야 한다.** 원하는 일이 떠오른 그 순간부터.

우리는 노중(老中)이라는 인생 여정의 한 가운데(路中)를 살고 있다.

행복만 쓰셔도 됩니다

방송에 행복실천강사로 설 기회가 생겼다. 강연을 준비하면서 가장 많이 떠오른 분은 부모님이었다. 시니어 채널에서 방영하는 프로그램에 출연한다는 이유도 있었지만, 텔레비전 속 아들을 보실 부모님 생각에 유난히 기뻤다. 그래서 부모님께 드리고 싶은 이야기를 준비했다.

고등 동물은 대부분 출산과 양육의 시간을 갖는다. 출산·양육 가능 기간은 대체로 마지막 새끼가 성체가 될 때와 비슷하다. 조류나 소형 포유류처럼 임신·양육 기간이 짧은 동물은 성체가 되면 장기간 번식한다. 대형 포유류와 인간 역시 가임기와 생존 기간의 간극이 '마지막 자손의 양육 기간'과 얼추 비슷했다. 그런데 인간은 위생과 영양의 향상으로 최근 100년 사이 수명이 두 배나 늘었지만, 가임기는 크게 달라지지 않았다. 왜일까? 한 가지 가설이 떠올랐다.

'아이를 키우는 일이 고생인 데도 행복으로 느끼는 이유는 유전자가 그 고생을 행복이라는 감정으로 보상했기 때문일 거야. 생존의 목적이 유전자 전달이라면 인간의 수명이 길어진 만큼 가임기도 길어지는 게 맞는데 인간은 그렇지 않단 말이야. 혹시 이것은 자손을 사랑으로 기르는 고생을 충분히 했으니 더해진 삶은 자신만을 위해 쓰라는 뜻이 아닐까?'

수명이 연장된 인간은 '사랑이 있는 고생'으로서의 행복에서 벗어나 오로지 자신만을 위해 행복을 추구할 수 있도록 진화했다는 게 내가 생각한 결론이었다.

1940년대 태어나신 부모님은 6·25전쟁으로 지구상에서 가장 가난한 나라의 사람으로 시작해 평생을 나라와 자식을 위해 헌신하며 사셨다. 지금도 본인의 안위나 행복보다 가족의 건강과 행복을 걱정하신다. 나는 이런 부모님 덕에 감사히 잘 자랄 수 있었고 나 역시 부모가 되어 아이들을 키우고 있다. 그런데 부모님을 보면서 분명해진 사실은 양육의 의무를 내려놓은 사람이 가장 잘 살려면 '나만을 위한 행복'을 잘 써야 한다는 것이다. 오롯이 나를 위한 즐거움과 의미를 채울 때 행복하게 건강해진다. 35년간 수영을 계속하신 이유는 가족을 지키기 위함이었지만 시간이 흘러 건강하게 살 수 있는 원동력이 되었다. 은퇴하신 후 시간이 남아 할 일을 고민하실 때 권해드린 영어 공부는 '오늘보다 나은 내일'의 즐거움을 만드는 기쁨이다. 가족을 위해 밭을 다듬고 각종 채소를 키우는 아빠는 몸을 부지런히 움직이신 덕에 건강을 잘 지키며 노중을 즐기신다. 야구 응원, 막걸리 한잔, 즐거운 음악, 그리고 매일 인사를 하는 아이들을 보는 즐거움까지. 나를 위해 행복하게 살아가는 하루하루가 수명이 길어진 진짜 이유가 아닐까?

대구에서 강의를 마치고 돌아가는 길에 귀한 만남을 가졌다. 공항으로 향하는 택시에서 연륜이 느껴지는 기사님과 자연스레 이야기가 시작됐다.

"기사님께서 베테랑이시니 가는 길이 편안합니다. 감사합니다."

기사님께서 웃으시며 대답하셨다.

"아 그래요? 사실 내가 이 일을 평생 한 것은 아니에요. 그리고 제가 나이가 좀 많습니다. 내 나이가 여든다섯이에요."

자극적인 뉴스 기사에서 나오는 고령 운전자를 바라보는 불편한 이야기는 접근도 할 수 없는 기사님의 멋진 모습에 나는 감탄이 절로 나왔다.

"우와! 정말요? 대단하십니다."

뒤이어 삶에 교훈이 될 이야기를 말씀해 주셨다.

"사실, 내가 교장으로 퇴임했어요. 그리고 11년 동안 아무 일도 안 하고 연금 받으면서 놀기만 하니 오히려 죽을 것 같았어요. 돈 걱정 없이 놀면 되는데도 죽을 날 받아 놓은 것처럼 마음이 영 안 좋은 거예요. 그런데 하루는 목욕탕에 갔다가 어떤 사람이 택시 운전을 한다기에 나 같은 노인도 할 수 있는지 물어봤어요. 글쎄 운전만 잘하면 얼마든지 된다네요. 내가 운전은 정말 자신 있으니 시작했는데 그렇게 순식간에 10년이 지났어요. 앞에 이 마크 보이죠? 이게 대구 택시 기사는 단 두 명밖에 받지 못한 교통문화 대상이에요."

말씀을 들을수록 인생 성공 점수 측정법에 비췄을 때 완벽한 85점이었다. 70대 초반으로 보이는 건강한 모습에 앞으로 100점을 충분히 받고도 남을 것이라는 기대에 내 모습을 반성하고 집에 계신 부모님까지 생각하게 되었다.

"무엇을 하더라도 내가 즐겁고 행복한 일을 해야 해요. 그래야 내가 살아 있다는 기분이 들죠. 내가 이렇게 운전하면서 많은 사람 만나고 즐겁게 대화하며 가치가 있는 삶을 사는 것보다 더 좋은 일은 없어요. 교장으로 퇴임했다니까 왜 그런 일을 하냐고 물어보는 사람도 많지만 나는 이 일이 좋아요. 나를 행복하게 하니까요."

　삶을 알기 위해서는 평생의 시간이 필요하다. 죽음을 알기 위해서도 그렇다. 마찬가지로 잘 살기 위해서도, 잘 죽기 위해서도 평생의 행복이 필요하다. 노년기의 행복은 생존의 목적이며 삶의 끝을 향해 의연히 걸어갈 수 있는 마음 근육이다. 그렇게 하루하루를 행복으로 채워 굳건해진 마음으로 70을 지나 80을 채우고 90까지 향할 수 있다면 나이 들수록 아름답고, 넉넉하며, 빼어난 시간을 살게 되는 것이다. 그렇게 '마음껏 행복했으니 죽음을 받아들일 수 있는 마음'을 위해서 인간의 노년은 행복에 집중해야 한다.

　80을 앞두신 아버지께서 "나는 이제 힘도 빠졌고 살 만큼 살았으니 다 끝났어."라고 말씀하실 때마다 마음이 아프다. 하지만 마음이 아픈 만큼 걱정에 빠져만 있지 않고 한순간이라도 더 행복하실 수 있도록 내 역할을 다한다.

　"아빠, 엄마! 아들이 최선을 다해 부모님의 건강을 챙기겠지만 그보다 더 챙겨야 할 것은 행복이에요. 우리가 함께 있는 시간 동안 우리에게 주어진 행복을 모두 다 써야 잘 사는 사람이 됩니다. 그렇게 잘 살아야 여한이 없는 삶이 되는 거예요. 그러니 오늘 지금 당장 행복을 씁시다."

열심히 살아온 이유가 무엇이며 열심히 살아야 할 이유가 무엇일까? 50년을 살아도 알 수 없지만 80년을 살아도 알기 힘든 것이 인생이다. 동시에 죽음을 직면하면 그 어느 순간보다 선명해지는 것이 삶의 이유와 목표다. 애초에 삶은 죽음의 시작이고 우리는 죽음을 향해 다가가는 삶을 시작했다. 죽음을 의연하게 받아들이는 것이 아니라 내 삶을 '행복이라는 에너지로 삶을 마음껏 다 쓰는 소풍'이라 생각하고 즐기자는 것이다. 그러니 부디 우리 부모님을 포함한 대한민국, 아니 전 세계의 노인들이 행복만 쓰셔도 되는 삶을 사시기를 소원한다.

평생 가족을 위해 나의 행복을 나누셨으니, 이제는 나를 위한 행복만 쓰셔도 됩니다.

행복은 누구에게나
주어진 선물이다

단, 살아 있는 동안에만.

우리는 평생 정신줄을 붙잡고 산다. 젊을 때는 남들에게 뒤처지지 않으려고, 나이가 들어서는 기억력은 물론 인지능력도 점점 떨어지니 큰 실수라도 하지 않으려 더욱더 꽉 붙잡고 산다. 그런데 우리가 행복하기 위해서 정신줄만큼이나 반드시 붙잡아야 할 줄이 하나 더 있다. 그 줄은 바로 '마음줄'이다. 나는 정신줄보다 마음줄을 붙잡는 데 더 애쓴다. 만일 내가 정신줄을 놓고 있으면 누군가 옆에서 잡으라는 말이라도 해 준다. 하지만 마음줄은 내가 붙잡지 않으면 그 누구도 잡아 주지 못하고, 잃어버리기라도 하면 나밖에 찾을 수 없는 데다, 그 과정이 매우 어렵다. 물론 인생을 성공적으로 살기 위해서는 현실적으로 이득인 판단을 해야 한다. 그런데 그 판단이 내 마음줄을 상하게 한다면? 성공을 위해 마음을 속이고 행복을 지워 버린다면 과연 그 대가는 행복한 삶을 보상할 수 있을까? 정신줄을 붙잡고 고통과 괴로움을 견뎌도 영혼을 지켜 주는 마음줄을 내팽개친 다면 어느새 행복을 잊은 사람이 되어 있을 것이다. 그러다 어느 날 문득 흘러간 내 삶을 서글퍼할 것이다. 그래서 나는 과감히 이익을 내려놓고 오늘 하루의 행복을 만끽한다. 내 삶이 조금 느려지면 어떤가? 내가 남보다 조금 더 부족하면 어떤가? 나는 나를 사랑하고 내 하루를 사랑하고 내 행복을 잘 쓰고 있다는 확신으로 살고 있다. 그게 마음줄을 붙잡은 나의 삶이고 내 마음줄은 내 영혼을 포근하게 감싸주는 마음 바구니가 되었다.

나는 마흔여섯부터 '천천히 죽어 가기'를 결심했다. 죽음을 준비한다는 말이 왠지 급작스럽고 두려워서다. 운이 좋아 아흔까지 산다면 이제부터는 정상을 지나 내려오는 시간을 여유롭게 즐길 수 있어 좋고, 더 일찍 떠나더라도 죽음을 수용하는 과정에서 두려움을 덜어낼 수 있어 좋다. 그렇다고 단지 살아 있는 시간 동안 죽음만 준비한다는 의미는 아니다. 나는 언제든 죽을 수 있다. 그래서 죽음을 기억하고, 운명을 사랑하며, 오늘 하루의 행복을 만끽하려 최선을 다한다. 마음줄을 꼭 붙잡고, 때로는 정신줄을 살짝 놓더라도 "이만큼이면 행복하게 살았다."라고 잠들기 전에 말할 수 있는 매일의 죽음을 맞이하려 애쓴다. 행복의 사용 기한이 바로 지금이기 때문이다. 그래서일까? 나는 죽기 전에 하고 싶은 일이 참 많다. 말하기를 좋아해 요즘은 매주 한두 번 행복실천을 주제로 강의한다. 강의하다 보면 가끔 정말 열심히 노력한다는 이야기를 듣는데 그때마다 손사래를 친다. 누군가 내 이야기를 들어주고 공감하며 함께 행복을 실천 하려는 모습을 볼 때면 가슴에 차오르는 벅찬 감동이 나를 찾아 온다. 감동이 주는 행복감 때문에 나는 행복중독자가 되어 함께 행복해질 사람을 찾아다닐 뿐이다. 감동이 잔잔해질 무렵 드는 생각이 있다.

'나는 죽음에 잘 다가가고 있겠지? 그래, 이렇게 행복하게 살면 잘 죽어 가는 게 맞아. 죽기 시작하길 잘했다.'

인간을 영단어로 표현하면 Human Being이다. Human만으로도 '인간'인데 왜 굳이 Being을 붙일까? 인간은 삶을 살면서 단계별 의식성장을 경험한다. 첫 단계는 소유(Having)다. 내 삶을 풍요롭게 할 좋은 집이나 차, 그리고 남들이 부러워할 물건은 물론 좋은 친구, 연인, 동료들로 나를 채운다. 그렇게 우리를 채운 소유의 단계를 넘어야 할 때가 있으니, 바로 남과 비교하며 느끼는 공허함이 깊어질 때다. 의식성장이 여기에 머물면 소유는 결국 나를 미성숙한 사람으로 만든다. 다음은 성취(Doing)다. 성취는 나를 보여 주는 일을 하며 내가 이뤄낸 결과를 중시한다. 어떤 사람이 되는지, 무엇을 할 수 있는지에 집중하며 사람들에게 인정받고 싶은 욕구가 커지는 단계다. 시간이 지날수록 남의 시선으로 자신을 평가하면서 자기 의지를 잃기 쉽다. 마지막은 존재(Being)다. 소유나 행위가 아닌 존재가치에 중심을 두며 자신을 자각하고 얻은 깨달음을 따른다. 그렇다고 결코 소유나 성취를 불필요하거나 낮게 보는 것이 아니다. 생존을 위한 소유와 나를 성장하게 할 성취를 충분히 경험하고 나서야 나라는 존재에 대해서 깊은 성찰을 가질 수 있기 때문이다. 나 역시 더 많이 소유하고 더 많은 성취를 인정받으려 애쓰며 수많은 실패와 시행착오를 거듭했다. 마침내 행복한 사람이라는 존재가 내가 원하는 진정한 모습임을 깨닫고 나의 존재를 더욱 소중히 여기게 됐다.

행복한 존재로서 남의 시선이 아닌 내 마음을 따르며 '좋아하고 잘하는 일'에 집중하자 행동이 자유로워지기 시작했고 자유로움으로 얻은 수많은 행복을 소유할 수 있게 되었다. 그렇게 나는 Happy Being으로서 삶을 자유롭게 살게 되었고 Human Being을 이해하게 됐다.

그렇다고 이렇게 말하는 내 삶이 언제나 만족스러울 것이란 생각은 큰 오산이다. 나는 종종 불행하고, 더 자주 불안감에 휩싸인다. 그럴 때마다 행복을 쓰기 위해 더 많이 고민하고, 수없이 시도하며 반복되는 실패와 시련 사이에서도 행복을 누리고자 마음줄을 꽉 움켜줠 뿐이다. 그런 내가 W.A.N.T.에 HAPPITS를 넣고, HAPPITS의 에너지로 W.A.N.T.를 가동하며 행복실천가로 잘 살고 있다. 이유는 간단하다. 원하는 행복을 실천하기 때문이다.

행복한 삶에는 불행이 없어야 하고, 행복이 찾아오면 불행이 사라진다는 믿음은 착각이다. 반대도 마찬가지다. 불행을 경험한 사람일수록 행복을 더욱 잘 쓸 수 있고 소중히 여긴다. 불행을 극복하는 최선은 판도라의 상자에서 맨 마지막에 찾아낸 '희망'처럼 불행 사이사이에 있는 행복을 반드시 꺼내 쓰는 일이다.

인생은 결코 내 뜻대로만 흘러가지 않는다. 나도 중독에 빠지고 싶지 않았고, 일터를 잃고 실패를 반복하고 싶지 않았다. 그러나 불행한 경험들이 오히려 나를 사랑하는 힘을 키웠고 진정 원하는 가치를 찾도록 이끌었다. 그리고 행복을 쓰며 새로운 계획을 세우고 내 미래가 더 기대되는 하루하루를 만들고 있다.

행복이 내 것이 되려면 불행도 내 것이어야 한다. 불행을 바랄 필요는 없지만 고통을 수용함으로써 성장하고, 마침내 행복을 만났을 때 기쁘게 받아들일 준비를 하면 된다. 나는 내게 일어날 불행을 수용할 준비를 하고 있다. 불행할 때도 꾸준히 행복을 찾고, 실천하고, 깨닫고, 고민할 수 있는 W.A.N.T.가 그것이다. 그리고 그 W.A.N.T.를 쓰기 위해 아주 작은 행복 한 톨 한 톨도 잘 쓰고 만끽하고자 HAPPITS를 실천한다. 적어도 내가 살아 있는 동안에는 이 과정을 끝없이 반복하려 한다.

지금도 내 삶에는 불행과 행복이 교차하고, 때로는 공존한다. 내가 할 일은 단 하나, 시선을 행복으로 옮길 것인지 아니면 불행에 집중할 것인지에 대한 선택뿐이다. 설령 불행을 선택하더라도 그 뒤에 다가올 행복을 위해 기꺼이 불행은 짧게 하고 행복을 잘 쓸 수 있게 준비한다. 나는 원하는 일의 끝이 행복한 삶이라고 믿고 있으며 행복하게 사는 것을 원하기에 원하는 바를 이루는 중이다.

당신이 살아 있는 한, 행복은 당신을 위한 선물이다.

이어가는 글

매일 행복을 꺼내 쓸 수 있다면
- 행복실천 레시피

　행복을 안다고 저절로 행복해지지 않는다. 실천해야 비로소 행복이 된다. 나는 오랫동안 행복을 찾고, 실천하고, 깨닫는 과정을 반복해 왔다. 그 과정에서 얻은 깨달음을 W.A.N.T.와 HAPPITS로 정리하고 "행복을 씁시다!"라고 사람들에게 이야기한다. 이 방법은 내가 직접 걸어온 길이고, 쓰러지고, 일어서고, 다시 도전하며 온몸으로 부딪쳐 얻은 결과다.
　행복이 무엇인지는 누구나 잘 알고 있다. 하지만 행복이 멀리 있지 않다는 사실을 잘 알면서도 실천하는 사람은 드물다. 행복은 언제든 내 마음이 향하는 방향에서 피어난다. 그리고 그것을 내 것으로 하려면 끊임없이 실천해야 한다.
　행복이 가득한 이야기나 영화, 음악을 읽고 보고 들으며 우리는 때때로 감동한다. 그러나 감동만으로는 부족하다. 작품이 끝나면 여운도 잠시, 우리의 일상은 다시 바쁘게 흐른다. 일상이 흐르면 감동은 사라지고, 마음에 남은 다짐은 어느새 희미해지기 마련이다. 그렇기에 나는 감동으로 끝나는 이야기가 아니라 당장 내일 아침부터 따라 할 수 있는 행복실천습관을 선물하고 싶다.

나는 앞에서 이야기한 습관들로 행복을 잘 쓰는 것은 물론, 아침이 행복해지는 습관을 통해 매일매일 행복호르몬을 마음껏 꺼내 쓰고 있다. 아침에 눈을 뜨는 순간부터 '행복을 선택하는 습관'은 내가 꾸준히 실천하며 얻은 값진 비결이다.

나는 이 습관을 '도즈업 루틴(D.O.S.E.-Up Routine)'이라 이름 붙였다. 단어 'dose'가 약의 용량을 뜻하듯, 나에게 도즈업 루틴은 행복의 용량을 내가 조절하는 방법이다. 약사가 약리학적 타당성을 검토해 올바른 약을 선택하고 적절한 용량을 사용하듯, 나는 매일매일 나를 점검하며 적절한 행복호르몬을 즉시 만드는 습관을 실천한다. 그 결과 하루의 시작이 달라졌고, 하루를 사는 에너지도 달라졌다.

도즈업 루틴을 몸에 익히는 데 엄청난 노력이나 특별한 능력은 필요 없다. 남의 눈치를 볼 것도 아니다. 그저 행복호르몬을 이해하고 쓰기만 하면 되는 간단한 방법이다. 그런데 이 간단한 실천이 하루를 바꾸고, 한 달을 바꾸며, 삶 전체를 주도적으로 행복하게 바꾼다.

행복을 원한다고 말하는 사람은 많다. 그러나 막상 실천은 어렵다며 하루를 버티는 데 급급하다. 버티지 말고 행복하게 살기 바라는 마음으로 '지금 당장 꺼내 쓸 행복'을 소개한다.

『행복을 씁시다! Do HAPPITS!』를 보고 공감만 하는 행복에서 멈추지 않았으면 좋겠다. 따라 해 보고, 내 삶에 맞게 고쳐 쓰고, 최종적으로 '나만의 행복실천습관'을 만들면 좋겠다. 행복은 실천해야 느낄 수 있고, 반복된 느낌에서 깨달음을 얻을 수 있으며, 그 깨달음이 평생 지워지지 않는 기억을 남긴다.

나는 소원한다. 이 책을 덮고 일상으로 돌아갔을 때, 행복은 좋은 것이라는 '겉도는 느낌'에서 그치지 않기를. 스스로 행복을 꺼내 쓰며, 매일 아침 나보다 먼저 웃어 주는 햇살처럼 가볍고 자연스러운 행복을 누리기를.

이제, 내가 직접 사용하며 가장 빠르고 확실하게 행복을 쓰는 비결을 당신에게 선물한다. 나는 매일 아침 도즈업 루틴을 실천하며 행복 에너지를 끌어올린다. 행복은 누구에게나 주어진 선물이지만, 직접 꺼내 쓰는 자만이 누릴 수 있다. 이제 나의 '도즈업 루틴'으로 누구나 행복한 아침이 기다려지기를 응원한다.

행복호르몬 (Happy hormones)

도파민 (Dopamine)

옥시토신 (Oxytocin)

세로토닌 (Serotonin)

엔도르핀 (Endorphin)

부록

아침부터 행복해지는 습관
D.O.S.E.-Up Routine

도즈업 루틴 D.O.S.E.-Up Routine
첫 번째 행복호르몬 도파민
두 번째 행복호르몬 옥시토신
세 번째 행복호르몬 세로토닌
네 번째 행복호르몬 엔도르핀
오원식의 도즈업 루틴
행복호르몬 이상의 감동호르몬 다이돌핀

도즈업 루틴
D.O.S.E.-Up Routine

행복을 이야기할 때 빼놓을 수 없는 네 가지 물질이 있다. 도파민(Dopamine), 옥시토신(Oxytocin), 세로토닌(Serotonin), 엔도르핀(Endorphin)이다. 엄격히 말하자면 호르몬뿐만 아니라 신경전달·조절 물질도 포함되지만, 우리의 일상에서 행복감을 좌우하는 핵심이기에 흔히 '행복호르몬'이라 부른다. 이 책에서도 이해를 돕기 위해 이 네 가지를 통틀어 행복호르몬이라 하겠다.

사례 1 무거운 눈꺼풀을 이겨 내고 일어난다. 습관처럼 양치하고 세수한 뒤 옷을 입는다. 입맛은 없지만 건강을 챙기려 간단한 아침을 먹고 출근길에 오른다.

오늘도 해야 할 많은 일에 한숨이 나온다. 그래도 열심히 살다 보면 내가 원하는 행복이 다가오리라 믿으며 꾹 참고 일한다.

아침부터 바쁘게 일했더니 점심이 다 되어서야 정신이 든다.

급히 정한 점심 메뉴가 입맛에 맞지 않지만 일은 밥심인지라 끝까지 먹는다. 오전에 열심히 일을 해서인지 점심을 급하게 먹어서인지 식곤증으로 꾸벅꾸벅 졸다가 커피를 마시고 다시 열심히 일한다.

오늘도 결국 야근했지만 할 일을 다 마쳐서 다행이다. 집으로 돌아가는 길이 뭔가 허전하다. 하루 종일 내 삶을 위해 최선을 다해도 행복한 기분이 전혀 들지 않는다.

함께 야근한 동료에게 '가볍게 한잔?' 신호를 보낸다. 같은 마음인지 흔쾌히 따라나선다. '그렇지, 이 맛이 행복이지.' 종일 쌓인 스트레스를 날리며 내일도 열심히 살기로 다짐한다. 언젠가 찾아올 행복을 기다리면서.

사례 2 야근으로 피곤했는지 알람을 놓쳤다. 지금 출발해도 지각이다. 부랴부랴 나서는데 길마저 막힌다. 깜빡이도 없이 끼어드는 차에 욕이 나온다.

지하철을 타도 마찬가지다. 노약자에게 자리를 양보하지 않는 젊은이를 보면 화가 나면서도 내심 그 자리에 앉고 싶다. 일터에서 만나는 사람들은 하나같이 인내심을 고갈시킨다. 사무실에서는 직장 내 인간관계로 스트레스를 받고, 밖에서는 천태

만상인 사람들에게 기가 빨린다.

하는 수 없다. 아침부터 카페인을 가득 충전하고 스트레스를 받으면 당 충전에 의존한다. 어찌어찌 하루를 끝내고 나면 갑작스레 우울해진 나를 위한 도파민 충전은 필수다. 술을 마시거나 밤늦게까지 쇼츠나 유튜브를 보다 보면 늦은 밤에 잠이 든다. 내일도 피곤하겠구나.

아침에 눈을 뜨며 행복을 느낀 적이 언제였을까? 하루 종일 참고 열심히 노력해도 행복할 수 있을지 모르겠는데 아침부터 행복해지는 게 가능할까? 아무 일도 없는 여행지의 아침이면 가능할지도 모른다. 여행은 행복을 누리는 휴식이 일이니까. 어차피 일상을 지내며 아침부터 행복하기를 바라는 사람은 바보가 아닐까?

그 바보가 여기 있다. 나는 언제나 아침을 기다린다. 아침부터 행복하기 때문이다. 아침에 가장 행복하고 잠이 들 때면 행복을 다 써서 홀가분하다. 그러면 밤에는? 행복은 하루를 마치며 느끼는 위안이 아닌가? 오늘 하루를 행복하게 잘 살았다면 잠이 드는 순간까지 행복하기 위해 애쓸 필요는 없다. 행복은 하루를 잘 사는 데 쓰는 에너지다. 잠은 하루를 마무리하는 일이라 에너지가 필요치 않다. 이 책을 읽는 모든 사람이 함께 행복해지기를 바라는 마음으로 아침부터 행복해지는 습관 도즈업 루틴을 소개하겠다.

앞의 두 사례는 모두 '열심히 노력해서 행복해지고자 하는 사람들의 모습'이다. 원하는 일을 원하는 만큼 하려면 많은 에너지가 필요하다고 믿는다. 우리는 이 에너지를 노력에서 찾는다.

하지만 노력(努力)은 말 그대로 힘을 쓰는 일일 뿐 에너지 자체는 아니다. 그러니 에너지가 없는 노력에 노력을 거듭하면 육체와 정신은 고갈된다. 노력은 엔진이지 연료가 아니다. 고장 난 엔진이 되지 않으려면 원하는 바를 적당한 선에서 멈춰야 한다.

너무나 원해서 의욕적으로 시작한 일도 어느 순간 힘들어 지치는 시점이 온다. 화끈하게 불타올랐다가 꺼지는 번개탄처럼 노력의 불이 꺼지는 모습을 보면서 '이 일이 내가 진짜 원하는 일일까? 맞다면 왜 이렇게 힘들지?'라는 생각이 든다. 오직 이 사람과 살고 싶었던 결혼생활이 그렇고, 미래가 내 것처럼 보이는 사회 초년생의 설렘 가득했던 직장이 그렇다. 〈사례 1〉은 노력의 올바른 모습이고 〈사례 2〉는 그렇지 못하다고 생각하겠지만 내가 보기에는 둘 다 똑같다. 의지력이 아직 남아 있는가와 이미 고갈됐는가의 차이일 뿐이다. 안타깝지만 〈사례 1〉도 같은 결과를 맞이할 것이다.

그렇다면 어떻게 해야 할까? 앞서 말했듯이 행복하려고 노력하지 말고 행복하니까 노력하고 싶은 상태를 만드는 것이다. 즉, 아침부터 행복해지는 습관을 사용해서 행복 에너지로 의지력을 충전하는 것이다.

아침에 일어나서 창문을 활짝 열고 햇빛을 보며 느끼는 행복을 마지막으로 느낀 적이 언제일까? 사랑하는 가족과 출근 전에 포옹하고 응원한 기억은? 오늘 하루가 신날 것이라 거울을 보고 웃은 적은 있을까? 콜드 샤워는 어떨까? 이런 일들이 현실이 되면 아침부터 행복해진다. 행복호르몬을 최고치로 만들고 그 에너지로 즐겁게 하루 종일 노력한다.

행복 에너지가 제대로 충전되면 운전 도중 누가 끼어들어도 웃을 수 있다. 끼어드는 차에 화를 내기엔 내 행복한 기분이 더 소중하다.

나도 예전엔 아침이 찾아오면 힘들고 지친 하루를 보낼 생각에 일어나기가 싫었다. 그랬던 내가 도즈업 루틴을 쓰면서 달라졌다. 에너지가 충만한 아침 출근길에 아이들을 등교시키며 수다를 떨고, 아이들이 차에서 내린 후 혼자가 되면 오늘 하루 생길 즐거운 일들에 대한 상상이나 내가 하고 싶은 일을 생각하느라 바쁘다. 그러다 어떤 날엔 오디오북으로 얻은 새로운 지식에 감탄한다. 출근하자마자 동료들과 하이파이브를 한 뒤, 내가 좋아하는 음악을 틀고, 향이 좋은 커피를 내린다. 안부를 묻고 아재의 개그 감각을 최대한 끌어올린다.

업무시간 시작! 매일의 중요 회의인 점심 메뉴를 함께 신중히 결정한다. 맛있는 점심은 행복 에너지 충전에 필수이기 때문이다. 아침 일찍 행복을 쓰고 얻은 에너지를 쓰면 하루는 즐겁게 흘러간다. 마치 놀이공원에서 즐기는 신나는 놀이기구 같다. 여러 번 말해도 될 만큼 중요한 이야기다. 행복하려고 노력하는 게 아니라, 행복하니까 노력하는 것이다.

우리의 뇌는 전기 작용으로 작동하나 실제 그 작동을 조절하는 것은 신경전달·조절 물질과 호르몬 같은 생화학적 물질이다. 그래서 우리는 행복의 감정과 밀접한 네 가지 행복호르몬의 균형과 조절에 따라 행복한 감정에 큰 영향을 받는다. 따라서 일상 속 습관으로 이 물질들의 분비를 촉진하면 행복한 감정을 의도적으로 더 자주 경험할 수 있다.

행복은 감정이고, 지속적인 감정은 성격의 결이 된다. 열정적인 사람, 다정한 사람, 진중한 사람, 유쾌한 사람. 우리가 성격이라고 표현하는 모습 안에는 결국 자기를 주도하는 호르몬이 숨어 있다. "난 좀 더 열정적인 사람이 되고 싶어."라는 다짐, "내가 조금 더 다정할 수 있을까?"하는 의문, "저 사람은 왜 갑자기 자신감이 넘치지?"라는 놀라움은 모두 호르몬의 변화에서 비롯된다. 매일 아침 일어나서 행복해지는 법부터 내 성격을 원하는 대로 업그레이드하는 것까지 가능하다면 궁금하지 않은가? 이 부록은 자체로도 훌륭한 '아침 행복 사용 설명서'라 자신한다.

하지만 무턱대고 행복호르몬을 많이 쓴다고 좋은 것은 아니다. 행복호르몬에는 옳고 그름을 따지는 이성이 없다. 그래서 각각의 특성을 이해하고 부작용에 주의하며 내 삶에 유리하게 써야 한다. 술·담배·도박·과도한 인터넷도 뇌의 보상 회로를 유사하게 자극해 비슷한 쾌감을 줄 수 있지만 생존에 도움이 되지 않거나 오히려 큰 피해를 줘서 삶을 무의미한 쾌락의 제물로 바치게 된다. 쾌락을 고통으로 조절하는 뇌의 특성 때문이다.

도파민의 오남용은 중독을 유발한다. 옥시토신을 악용하면 맹목적인 범죄로 번지기도 한다. 세로토닌은 나와 남을 비교하게 만들기에 불행으로 가는 지름길이 될 때도 있다. 엔도르핀의 무분별한 사용 또한 중독의 원인이다. 이성의 힘을 잘 써서 용량에 맞게 적절히 사용하는 방법을 실천했으면 한다.

내가 삶을 무의미하게 낭비하는 중독에서 벗어난 데는 이유가 있다. 중독을 끊은 것이 아니라 더 좋은 중독에 빠진 것이다.

더 좋은 중독에 빠지면 그보다 덜 좋은 중독은 의미가 없어진다. 행복이 대표적이다. 행복한 삶에 빠지면 나를 불행하게 하는 쾌락에서 멀어진다. 설령 순간의 실수로 쾌락에 잠깐 빠지더라도 행복한 삶을 생각하면서 다시 멀어진다. 나를 살게 하는 행복은 삶을 파괴하는 단순한 쾌락과 달리 다양한 방법으로 오랜 시간 쓸 수 있으며 보너스로 내 삶을 성장시키기까지 한다. 혹하지 않는가? 나를 행복 중독자로 만든 **아침이 행복해지는 습관**이 많은 이들에게 퍼졌으면 좋겠다.

행복 중독에 빠지면 쾌락 중독은 시시해진다.

첫 번째 행복호르몬
도파민

♣ 도파민이란?

한쪽에서는 '도파민 폭발'을 외치고 다른 한쪽에서는 '도파민 중독'을 걱정한다. 대체 왜 그럴까? 중독예방교육에서 "도파민은 무엇일까요?"라고 물어보면 "중독이요! 나쁜 거예요! 위험해요!"라고 대답하며 칭찬받고 싶은 아이들의 눈을 볼 수 있다. 그런데 도파민을 '중독물질'로만 몰아세우면 안 된다. 도파민은 생존에 중요한 '의욕과 동기'의 호르몬이기 때문이다. 열정적으로 일하는 힘, 맛있는 음식에 대한 욕구, 살아남기 위한 행동의 의지가 도파민 때문이다.

중독은 대체로 뇌가 어떤 행동을 생존에 유리하다고 착각하면서 시작된다. 첫 도박에서 이겼을 때, 특히 큰돈을 땄을 때 중독될 확률이 커진다. 잃은 사람은 손해를 기억해 피하지만, 이

긴 사람은 도박으로 돈을 딴 경험을 생존에 유리한 일로 학습해 반복하려 한다. 그러다 손해를 보게 되면 그만둘 법도 하지만 첫 승리의 쾌감이 너무나 강렬하게 기억으로 남은 것이 문제다. 이 기억이 도파민 시스템을 자극하여 다시 도박을 하게 만드는 것이다. 결국 도박중독자는 돈이 아닌 쾌감에 중독되어 도박을 반복하는 지경에 이른다. 만일 이 사람이 도박이 아닌 생존에 유리한 새로운 경험으로 도파민을 충족한다면 도박중독에서 멀어질 가능성이 커진다. 나는 도박보다 행복하게 사는 것이 생존에 더 유리하다는 깨달음으로 도박중독에서 벗어난 사람이다. 도파민은 '살고 싶은 마음'이며 생존에 첫 번째로 필요한 행복호르몬이다.

♣ 도파민의 효능

도파민은 인지·운동·정서 전반에 관여한다. 아버지께서 얼마 전 파킨슨병 진단을 받으신 후로 도파민성 약물을 드시기 시작했다. 복용 뒤에는 움직임이 한결 수월해지고 의욕도 살아났다. 조금 과장하자면 노화로 느려진 몸에 활력을 보태는 느낌이다. 물론 정확한 용량과 꾸준한 관리가 필수고, 부작용도 크기 때문에 영양제로 착각하면 절대 안 된다.

산 정상이 보이면 없던 힘이 솟거나 마라톤 선수가 마지막 몇 미터를 앞에 두고 초인적인 힘을 발휘하는 경우가 있다. 도파민이 관여하는 '의욕'과 '동기'의 힘이다. 특히 유리한 경험이 반복되면 기억이 강하게 학습된다. 그래서 도파민의 활기와 의욕으로 생존에 유리한 기억을 쌓으면 완전한 행복호르몬이 된다.

♣ 도파민 결핍

파킨슨병은 도파민 부족과 관련된 대표 질환이다. 우울증을 동반하거나 일부에서는 치매로 진행되기도 한다. 기억·학습 저하와 함께 의욕 저하가 두드러지고, 무기력에 빠지기 쉽다. 그만큼 도파민은 생존 행동에 중요한 물질이다.

♣ 도파민 부작용

참는 것만으로 중독에서 벗어나기는 어렵다. 참아서 성공하는 사람도 있지만 너무나도 고통스럽고 힘들다. 오히려 고통을 견디다 다른 중독에 빠질 때도 있다. 우리의 뇌에서 쾌락과 고통이 맞물려 작동하기 때문이다. 양팔저울처럼 한쪽(쾌락)이 과하면 다른 한쪽(고통)을 같은 무게로 키우는 것이 우리 뇌의 시스템이다. 마약을 예로 들어 보자. 마약을 투약하면 처음엔 큰 쾌감을 느낀다. 하지만 뇌는 균형을 맞추기 위해 불쾌·통증 신호를 키운다. 그렇게 두 감정은 상쇄된다. 이 과정을 반복하면서 쾌락의 강도를 높이면 고통 또한 같이 커지고 결국 몸은 마약을 하지 않을 때도 엄청난 고통을 느끼게 된다. 종국에는 고통을 잊기 위해 마약을 하는 것이다. 고통을 다시 쾌락으로 이겨 내는 과정이 쉬울수록 중독의 굴레는 더 단단해진다.

출산 무통 주사에는 마약의 끝판왕 펜타닐이 포함된다. 강력한 마약성 진통제임에도 산모는 중독되지 않는다. 쾌감을 목적으로 하는 것이 아니라 통증 조절에 쓰이기 때문이다. 만일 생존에 필요하지 않은 쾌락을 남용한다면 대가는 고통으로 치르게 된다. 인간에게 대가 없는 쾌락은 없다.

♣ 올바른 도파민 사용법

1. 콜드 샤워 - 콜드 샤워의 짧은 고통을 참으면 적정량의 도파민이 긴 시간 분출된다. 어린 시절, 아빠가 아침 일찍 찬물로 머리를 감고 세수를 하신 뒤 활기찬 모습으로 우리를 열정적으로 깨우신 이유가 여기 있었다.
2. 생존에 유리한 행동 - 돈을 벌기 위해 열심히 일하는 모습

이 대표적이다. 나는 약사로 살고 있지만 강사도 하고 커플카운슬러도 한다. 아주 가끔은 음식 배달도 한다. 집에 있다가 음식이 하기 싫어 시켜 먹을까 고민될 때, 망설이기보다 나가서 벌고 먹는 편이 더 쉽고 재밌다. 배달 시스템은 열심히 할수록 배차도 잘 붙고 급여도 올라가는 도파민 자극 시스템이다. 내가 좋아하고 잘하는 일로 돈을 버는 것은 도파민 분비를 촉진한다.

3. 해야 할 일은 즉시 하기 - 하기 싫은 일을 미루면 몸에서는 코르티솔(Cortisol)이라는 스트레스 호르몬이 나온다. 미루고 미룰수록 스트레스 호르몬은 증가한다. 한 번 싫었던 일은 끝까지 하기 싫어지는 이유다. 반대로 해야 할 일이라 생각하고 즉시 시작하면 뇌에서는 도파민이 분비된다. 이성적으로 시작하면 그 행위가 의욕의 호르몬을 만들어 준다. 공부가 그렇고 일이 그렇다. 내 몸과 마음의 건강을 위해 해야 할 일은 바로 시작하자.

4. 똑같은 일을 다양한 방법으로 하기 - 나는 오래달리기를 정말 싫어하는 사람이었다. 하지만 나만의 도파민 러닝을 찾았다. 매일 똑같이 달리지 않고 거리·구간·페이스를 바꾼다. 처음부터 뛰지 않는다. 천천히 걷다가 몸이 풀리면 빨리 걷고, 뛰고 싶어지는 순간 뛰기 시작한다.

도파민은 내게 '**아빠 호르몬**'이다. 가족을 잘 살게 하려는 의욕을 끌어올린다. 그러나 과하면 패가망신도 부른다. 코로나19로 약국이 힘들었을 때 빨리 벗어나고 싶어 무리하게 투자했다. 잘 살고 싶은 마음이었지만 섣부른 판단이었다. 부적절한 의욕은 실패를 불렀고, 실패의 고통을 피하고자 찾은 쾌락은 중독을 불렀다. 중독예방교육을 할 때 이런 나의 경험을 나눈다. 강의 제목은 《중독을 벗어나는 힘 : 행복》이다.

"행복에 중독되면 다른 쓸데없는 중독은 더 이상 필요치 않게 돼. 사실 불행한 사람들이 중독에 쉽게 빠지거든."

우리를 위험한 중독에 빠뜨리는 쾌락은 무의미하다. 즐거움과 의미를 더하면 행복이 되는데, 이 행복이 나를 '잘 살게' 한다.

행복에 중독되려면 무엇보다도 먼저 내가 원하는 행복을 잘 알아야 한다. 도파민은 내게 가장 큰 가치를 갖는 행동을 선택하게 만든다. 20대의 방황하던 시절에도 '3대가 함께하는 행복한 가정'에 대한 소망만큼은 놓지 않았다. 돌아갈 집에 대한 그리움, 사랑하는 부모님, 아내, 그리고 아이들을 행복하게 하려는 마음이 최우선이었다. 삶에 대한 욕구, 생존에 대한 희망, 내가 원하는 일을 이루기 위한 열정과 같은 중요한 가치를 포기하지 않는다면 도파민은 당신 편이다.

두 번째 행복호르몬
옥시토신

♣ 옥시토신이란?

옥시토신의 어원은 '빠른 출산'을 뜻하는 그리스어다. 분만을 돕는 물질로 먼저 알려졌고 젖샘을 수축시켜 엄마 젖이 나오게 하는 효과도 밝혀졌다. 유도분만 촉진제의 성분이 이 옥시토신이다. 이름은 출산에서 왔으나 옥시토신은 유대와 안정에 깊게 관여하고 애착을 형성하는 물질이다. 나는 옥시토신 결핍상태인 외로움을 견디지 못한다. 외로움의 고통 때문에 중독환자가 되었고 옥시토신이 충분한 삶을 살게 되자 중독에서 벗어날 수 있었다.

♣ 옥시토신의 효능

옥시토신은 '애착과 유대'를 키우는 역할을 한다. 엄마와 할머니의 모성은 옥시토신의 역할이다. 언제나 가족에게 양보하고 헌신한다. 옥시토신의 분비는 부차적으로 도파민을 만든다. 딸이 엄마 선물을 사거나 사랑에 빠진 연인이 상대방을 기쁘게 할 선물을 사는 이유는 옥시토신으로 인해 도파민이 분비된 까닭이다. 사랑하는 가족을 떠올리게 하는 광고가 많은 이유이기도 하다. 사랑하는 사람과의 스킨십 또한 옥시토신과 관계가 있다. 사이좋은 부부는 옥시토신 수치가 높다. 의리의 호르몬 바소프레신과 함께 옥시토신은 자신의 짝과 가족에 충실하게 만든다. 유대감 형성, 공감, 사회적 지능 등 무리 지어 생활하는 집단에서 나타나는 행동에는 대부분 옥시토신이 관여한다. 옥시토신이 풍부한 집단은 행복하고 건강하게 장수한다.

나는 가족이란 단어만 생각해도 옥시토신이 분비된다. 글을 쓰다가 부모님을 껴안고 왔다. 옥시토신을 이야기하고 있을 때는 옥시토신으로 행복하고 싶어서다.

♣ 옥시토신 결핍

유대감, 사랑의 호르몬인 옥시토신이 결핍되면 느끼는 가장 큰 문제는 외로움이다. 동시에 스트레스 호르몬인 코르티솔의 분비를 자극하여 정서적으로 불안한 상태에 빠지기 쉽고 우울감이 높아진다. 또한 수면의 질이 떨어지거나 불면증에 빠지게 된다. 외로움과 불안감은 식욕 조절에도 큰 문제를 일으킨다. 나는 홀로 살던 12년 동안 체중이 30kg 가까이 늘었다. 물론 아직도 살을 빼는 것은 쉽지 않으나 아이들만 봐도 배가 부를 때가 있는 것을 보면 옥시토신의 힘을 문득문득 느낀다.

♣ 옥시토신의 부작용

세상에 옥시토신만 가득하면 사랑이 가득한 행복한 세상이 될 것 같지만 그렇지 않다. 다른 호르몬과 같이 옥시토신도 비이성적이다. 옥시토신은 범죄 조직의 유대감에도 중요하다. 애국심과 전우애를 높이지만 비윤리적 전쟁이 유지되는 이유기도 하다. 사기꾼은 유대감을 쌓아 상대를 맹목적으로 만든다. 사기를 당한 사람들은 사기를 당하기 전까지 사기꾼을 좋은 사람이라 믿는다. 심지어 사기를 당하고도 사기꾼을 감싸고 자신을 탓하는 지경에 이르기도 한다. 낙랑공주는 호동왕자를 위해 자명고를 찢었다. 이야기는 낭만적이나 결과는 참혹하다.

♣ 올바른 옥시토신 사용법

1. 가족과 포옹하기 - 스킨십은 대표적인 옥시토신 분비 행위다. 사랑하는 연인이 손을 잡거나 부모가 아이를 안고, 아이가 부모의 손을 잡고 있을 때도 나온다. 그냥 안고 있거나 살을 맞대는 것만으로도 행복해진다. 1인 가구 시대에 반려동물과 반려식물, 하다못해 반려로봇까지 다양하게 느는 이유다.
2. 사랑한다 말하기 - 사랑한다고 말하기 어렵다 말하는 사람도 많다. 그런데 떠나보낸 가족이나 사랑하는 사람을 그리워하며 말하지 못한 날을 평생 후회하는 사람보다는 적을 것이다. 행복의 사용 기한이 지금이듯 사랑의 표현 기한도 지금이다. 사랑을 확인하며 느끼는 행복을 생각한다면 사랑한다고 말하는 노력은 공짜에 가깝다.
3. 위로하고 칭찬하기 - 위로하고 칭찬하는 사람은 옥시토신이 분비된다. 받는 사람은 옥시토신과 세로토닌이 분비된다. 내 옆에서 나를 항상 지지하고 응원하는 사람을 보면

행복하지 않은가? 언제나 내 편이 최고다.
4. 일상대화 많이 하기 - 대화도 옥시토신 분비에 효과적이다. 대화에 공통분모가 있다면 금상첨화다. 번영약국에서 최고의 대화는 프로야구다. 서로 응원하는 팀이 모두 다르지만 응원하다 보면 모두 우리 편이 된다.

옥시토신은 내게 **'할아버지·할머니 호르몬'**이다. 할아버지 할머니가 손자·손녀를 사랑할 때는 맹목적일 때가 많다. 그런 맹목적인 사랑 때문에 아이들의 버릇이 나빠진다 생각할 수도 있다. 하지만 가족 사랑의 본능인 그 마음을 절대 탓하면 안 된다. 대신 부모님의 사랑을 이해하기에 아이들에게 꼭 해 주는 말이 있다.

"아빠는 너희를 정말 사랑해. 그래서 옳지 않은 일은 바로잡을 거야. 너희들이 세상을 바르게 사랑하고 사랑받았으면 좋겠어."

아이들이 행복한 어른이 되려면 옳고 그름을 배워야 한다. 더불어 관계에서 애착을 형성하며 사랑을 나눌 수 있는 마음을 배울 때 균형 잡힌 어른이 된다.

할머니 손은 약손이고 할아버지의 유일한 웃음 버튼은 손자·손녀다. 눈이 침침해서 잘 보이지 않을 수도 있지만 지혜의 눈은 그 어느 때보다도 밝고 마음의 온도는 군불보다 더 따뜻하다. 그래서 아이들이 등하교할 때 할아버지·할머니께 인사드리고 포옹하도록 습관을 들인다.

 나는 가족이 함께하는 식사, 천사님과의 데이트, 그리고 매일 직장에서 반갑게 만나 일을 함께하는 동료와의 맛있는 점심으로 옥시토신을 채운다. 하루에 최소 한 번은 가족과 포옹하고 직장 동료와 하이파이브를 한다. 더불어 일상에서 만나는 수많은 사람들과 공감·위로·칭찬 등으로 옥시토신이 가득한 하루를 만든다.

 아이들도 언젠가는 알 것이다. 할아버지·할머니께서 행복하게 오래오래 함께할 수 있는 최고의 약은 자신들의 안부 인사와 포옹이라는 것을. 제주도 제주시 어딘가에는 '3대가 함께하는 옥시토신 가득한 가족'이 살고 있다.

세 번째 행복호르몬 세로토닌

♣ 세로토닌이란?

행복호르몬 가운데 가장 널리 알려진 이름은 단연 세로토닌이다. 행복호르몬의 대표라 불릴 만큼 누구도 그 존재를 부정하지 않는다. 기분·수면·식욕 조절 및 인지 기능, 위·장 기능과 혈관 조절까지 여러 시스템에 관여한다. 역할이 넓어 건강에 핵심적인 축이라 해도 과언이 아니다.

대학 시절 "선배는 그렇게 대단한 것도 없는데 어떻게 그렇게 자신감이 넘쳐요? 대체 이유가 뭘까요?"라는 후배의 질문에 "내가 자신감이 넘치는 이유는 자신감 때문이지!"라고 대답했었다. 자신감이 하늘을 찌를 20대 초반이니 그럴 만도 하다. 어쩌면 그 시절 유달리 세로토닌 분비가 많았을지도 모른다. 아쉽지만 우리 몸과 마음을 행복하게 하는 세로토닌에도 부작용이 있는데 내용을 알면 살짝 배신감이 들지도 모른다. 다행스럽게도 독도 잘 쓰면 약이 되듯 부작용을 잘 이용해서 세로토닌을 쉽게 만들 수 있으니 미리 걱정할 필요는 없다.

♣ 세로토닌의 효능

세로토닌은 안정감과 자신감, 자존감을 높여 준다. 불면을 완화하고 식욕을 조절하는 데에도 관여한다. 무리 지어 사는 동물의 우두머리 혈액에서 세로토닌 농도가 높게 나타나는 이유도 여기에 있다. 세로토닌이 안정감을 키워 주고, 자존감과 용기를 북돋기 때문이다. 그래서 무리의 중심에 선 존재는 단순히 힘만 강해서가 아니라, 세로토닌이 주는 평정심과 자신감을 바탕으로 리더가 된다.

♣ 세로토닌 결핍

세로토닌이 부족하면 자존감이 떨어지고 우울감에 빠지기 쉽다. 식욕 조절이 어려워지고 불면증도 잘 생긴다. 수면을 유도하는 멜라토닌이 세로토닌으로부터 만들어지기 때문이다. 잠을 이루지 못하면 우울해지고, 우울하니 잠이 안 오는 악순환에 빠진다. 밤늦게 SNS를 헤매며 화려한 남과 평범한 나를 비교하는 일은 우울증으로 향하는 초고속열차에 몸을 싣는 일이나 다름없다.

♣ 세로토닌의 부작용

행복호르몬의 대표주자 세로토닌의 숨겨진 얼굴이 있다. 바로 강력한 불행 유발 호르몬이라는 점이다. 세로토닌의 본성은 '비교'에 있다. 세상에서 가장 빠르게 불행해지는 방법은 끊임없이 남과 저울질하는 일이다. 부러움의 대상과 부족한 나를 비교하기 때문에 우리는 불행에 빠진다.

인간을 포함한 무리 동물은 모두 비교 본능을 지니고 있다. 무리 안에서 남보다 뒤처지면 생존이 어렵기 때문이다. 가장 느린 가젤은 사자의 첫 먹잇감이 되고, 가장 약한 원숭이는 높은 나무의 과일을 얻지 못한다. 그래서 나보다 약한 개체보다 우위에 서려는 습관은 생존을 위한 본능이자 본성이다. 그렇기에 비교 사회 대한민국이 불행한 나라가 된 것도 이해할 수 있다. 세상에는 나보다 잘난 사람이 무수히 많다. 사람은 노력 끝에 어제보다 나은 나에 만족할 수 있는데도 SNS를 열어 남과 나를 비교하며 불안감과 고통에 빠진다. 그 결과 자존감과 자신감은 꺾이고 세로토닌 분비는 줄어든다. 그렇게 잠 못 이루고 폭식하며 다시 SNS를 뒤적이는 삶, 이것이 바로 세로토닌의 부작용이다.

♣ 올바른 세로토닌 사용법

세로토닌을 만드는 방법은 생각보다 간단하다. 아침에 일어나 창문을 열고 햇살을 맞이한다. 시간이 나면 동네를 한 바퀴 돈다. 30분이면 충분하다. 음식을 천천히 오래 씹는 것만으로도 세로토닌이 만들어진다. 여기에 하루를 잘 살고 있음을 스스로 칭찬하고, 매사에 감사하는 마음을 더하면 된다. 마지막으로 명상을 추천한다. 명상은 생각보다 그리 어렵지 않다. 편안히 앉아 좋아하는 것을 떠올리며 마음이 차분해지면 그것이 명상이다.

아침에 세로토닌이 충분히 분비되면 밤에는 푹 잘 수 있다. 세로토닌이 수면을 돕는 멜라토닌으로 바뀌기 때문이다. 우리가 불면증에 좋다고 사서 먹는 바로 그 멜라토닌이다.

세로토닌은 장에서도 만들어진다. '장뇌축(Gut-Brain Axis)' 이론에 따르면 뇌와 장은 연결되어 있다. 장이 건강한 사람일수록 세로토닌 분비가 활발하다. 약국에서 변비 환자나 배탈 난 환자 얼굴이 밝지 않은 것도 충분히 이해된다.

우리 집은 아침마다 온 가족이 유산균과 오메가3를 챙겨 먹는다. 산후우울을 겪는 엄마의 혈중 오메가3가 정상인보다 부족하다는 연구 결과도 있다. 이들의 혈중 오메가3가 충분해지면 우울 증상이 개선되는 결과가 나타난다. 우울증이 대표적인 세로토닌 결핍증상임을 떠올리면 이해가 된다. 뇌에는 오메가3를, 장에는 유익균을 보내는 것이다.

그렇다고 반드시 사서 먹으라는 뜻은 절대 아니다. 약이나 건강기능식품은 내게도 필요한지 상담을 충분히 하고 먹어야 한다.

약국에서 피곤하다며 종합비타민이나 영양제를 물어보는 사람들한테 제일 먼저 하는 말이 있다.

"일단 잘 주무시고, 식사 잘 챙기시는데도 힘들면 그때 드셔도 좋습니다."

우리 집 식탁은 부모님께서 텃밭에서 푸성귀를 키우시기 시작한 덕에 채소가 가득하다. 유익균의 먹이인 섬유질을 공급하는 의미도 있고 도파민과 세로토닌 분비를 촉진 시키는 식물영양소인 파이토케미컬(phytochemical)을 섭취하는 의미도 있다. 다행히 아이들은 어릴 때부터 습관이 들어 채소를 즐긴다.

각자 집을 나설 때는 서로를 응원한다.

"아빠, 엄마가 건강하셔서 감사합니다."

"당신은 원래 예쁜데, 오늘 더 예뻐요."

"너희가 내 아이들이라 아빠는 너무나 행복하단다."

그리고 출근길에 하고 싶은 일을 생각한다. 그러다 보면 기분이 좋아진다. 이게 내 명상이다. 그리고 이런 하루가 내 삶에 안정되게 반복되는 것을 감사히 여긴다. 안정의 호르몬이 넘친다.

세로토닌은 내게 **'엄마 호르몬'**이다. 세로토닌의 대표적 특징은 '조절자'다. 자전거를 타기 시작할 때 느끼는 긴장감은 노르아드레날린 때문이다. 하지만 과도한 긴장은 운동능력을 떨어뜨릴 수 있는데, 세로토닌이 긴장감을 조절하여 적절한 운동능력을 유지한다. 달리다 기분이 좋아져 더 빨리 달리고 싶은 마음은 도파민 때문이다. 그러나 도파민이 과속을 부추겨 사고로 이어질 수 있을 때, 세로토닌이 다시 브레이크를 잡는다.

야구선수가 껌을 씹는 행동은 세로토닌 분비를 촉진해 지나친 긴장을 풀기 위함이다. 세로토닌은 엄마처럼 내 몸의 호르몬 균형을 잘 보살펴 준다.

엄마는 아이의 잠자리를 챙기고 건강한 음식을 준비하며, 아이가 자존감 높은 사람으로 자라도록 돕는다. 무엇보다 가족에게 안정감을 준다. 결혼하고 가장 좋은 점은 도파민형 인간인 내가 세로토닌형 인간인 아내 덕분에 조율을 잘 받아 안정감 있게 사는 것이다.

네 번째 행복호르몬
엔도르핀

♣ 엔도르핀이란?

말기 암 환자의 마지막 진통제로 쓰이는 약이 있다. 바로 모르핀(Morphine)이다. 모르핀은 아편의 주성분으로 영국과 청나라 사이의 아편전쟁을 일으키고, 청나라 몰락의 신호탄이 되기도 했다. 그래서 중국은 지금도 마약사범에게 냉정하다. 사실 모르핀은 인류가 가장 오래 사용해 온 의약품 가운데 하나다. 수메르 시대부터 쓰였으며, 백승만 교수의 책 『대마약시대』에 흥미로운 이야기가 나온다. 생후 1년 미만의 갓난아이를 달래는 데 쓰이던 '윈슬로 부인의 진정시럽(Mrs. Winslow's Soothing Syrup)'이다. 이 약은 이가 날 즈음의 아기를 달래는 데까지 쓰였고, 한 병에 25센트밖에 하지 않아 100만 병 이상 팔렸다. 그 주성분이 바로 모르핀이었다.

왜 갑자기 마약 이야기를 꺼냈을까? 엔도르핀(Endorphin)은 'Endogenous Morphine', 즉 '몸속에서 스스로 만들어 내는 모르핀'이라는 뜻이기 때문이다. 오히려 정확히 말하면 모르핀이 외부에서 만든 엔도르핀이라는 표현이 더 가깝다.

대한민국 중장년층이라면 '엔돌핀'이라는 단어가 익숙할 것이다. IMF 시절, 엔도르핀 전도사로 불렸던 고(故) 황수관 박사님 덕분이다. 나 역시 배를 두드리며 "하! 하! 하!" 웃으시던 박사님의 흉내를 자주 내곤 했다. 박사님은 이렇게 말씀하셨다.

"세상에서 가장 아름다운 영어 단어는 mother, 두 번째로 아름다운 단어는 father… 였으면 좋겠지만 faith, 세 번째는 father… 였으면 좋겠지만 smile, 네 번째는 father… 였으면 좋겠지만 love."

박사님은 생전에 감동과 웃음으로 사람들을 들었다 놨다 하셨다.

♣ 엔도르핀의 효능

우리 몸에서 만들어지는 마약 같은 호르몬, 엔도르핀은 극심한 통증을 누그러뜨리며 희열(Euphoria)을 선사한다. 학교 다닐 때 수업 중 키득거리다 선생님께 엉덩이를 맞아도 생각보다 견딜만했던 이유가 여기 있다. 매운 음식을 먹고 혀가 얼얼하다가도 기분이 좋아지는 것도 그렇다. 발가락 끝을 모서리에 세게 부딪혀 피멍이 들었을 때, 고통을 지나 이상하게 기분이 좋아진 경험이 있다면 그 또한 엔도르핀 덕분이다.

엔도르핀은 극심한 고통이나 격렬한 운동에서만 분비되는 것이 아니다. 즐겁게 운동할 때, 크게 웃을 때도 분비된다. 특히 긴장하거나 불안한 상태가 해소되어 편안해지면 웃음이 터지는데, 이것은 뇌가 스트레스를 줄이기 위해 엔도르핀을 내보내기 때문이다.

엔도르핀은 우리 몸이 스스로 만들어 내는 최고의 진통제다. 통증을 줄이고 면역력을 높이며, 암세포를 공격하는 면역세포 활성화를 돕는다는 연구도 있다. 나는 그래서 엔도르핀을 사랑한다. 타율은 낮아도 끊임없이 아재 개그를 휘두르고, 길을 걷다 아무도 웃지 않을 때 혼자 웃는 이유도 엔도르핀 덕분이다.

웃음은 엔도르핀을 불러오는 가장 쉬운 방법이다. 서초동 한복판에서 '처음 웃는 사람을 볼 때까지 웃어야지.' 하고 십여 분을 히죽거리다 입꼬리가 아파 그만둔 적도 있다. 입꼬리가 아플 만큼 웃었으니, 그날도 엔도르핀이 넘쳤을 것이다.

♣ 엔도르핀 결핍

엔도르핀이 줄어들면 몸은 작은 통증에도 예민해지고 면역력이 떨어져 각종 질병에 취약해진다. 스트레스 지수가 높아지고 우울 증상도 잦아진다. 피로가 쉽게 쌓이고 회복 속도는 느려진다. 몸의 균형이 깨진 상태에 가까워진다. 실제 연구에서도 만성 스트레스나 우울증 환자에게서 엔도르핀 분비가 낮게 관찰된다. 이 결핍이 오래가면 결국 큰 질병으로 발전할 위험이 커진다.

♣ 엔도르핀 부작용

엔도르핀의 가장 큰 부작용은 모르핀과 비슷한 중독성이다. 격렬한 운동을 하면 체내에 젖산과 피로물질이 쌓이는데, 이를 완화하려고 엔도르핀이 분비되고 도파민 분비가 촉진된다. 덕분에 우리는 고통을 견딜 수 있지만, 반대로 엔도르핀에 중독되면 어떤 고통도 감수하며 그것을 얻으려 집착하게 된다.

등산·축구·달리기 등 운동을 즐기다 중독에 빠져 몸을 해치는 사례도 적지 않다. 엔도르핀은 분비 시간이 짧고 금세 분해되지만, 도파민을 자극하기 때문에 행동중독으로 이어질 수 있다. 적절히 사용하면 활력과 즐거움을 주지만, 중독되면 몸을 파괴하고 심하면 죽음에 이르게 될 수 있다.

또 다른 부작용은 스트레스와 관련된다. 지속적인 스트레스를 벗어나려다 엔도르핀이 과잉 분비되면, 마약중독 환자와 비슷한 망각이나 환상, 사회성 결여 같은 증상이 나타날 수 있다는 연구도 있다. 스트레스는 억지로 참는다고 사라지지 않는다. 억누르지 말고 건강하게 엔도르핀을 분비할 방법을 찾아야 한다.

♣ 엔도르핀 사용법

엔도르핀은 웃음과 즐거움이 터질 때 빠짐없이 등장하는 호르몬이다. 기분이 좋아져 배시시 웃음이 날 때, 큰 소리로 폭소할 때, 그 순간마다 엔도르핀이 분비된다. 다른 호르몬들도 관여하지만, 웃음으로 인한 희열과 긴장 완화의 주역은 단연 엔도르핀이다.

네 가지 행복호르몬은 따로 움직이지 않는다. 서로 얽히고 영향을 주고받으며, 하나의 행동이나 자극이 여러 호르몬을 동시에 만든다. 그러니 엔도르핀만 노리고 행동하기보다는, 다른 행복호르몬과 함께 어우러지는 순간이나 엔도르핀이 부차적으로 따라오는 상황을 즐기는 편이 더 좋다.

운동도 마찬가지다. 몸과 마음이 건강해지는 정도라면 약이 되지만, 지나치면 독이 된다. 그래서 나는 엔도르핀을 만드는 방법 가운데 가장 안전하고도 확실한 방법으로 웃음을 추천한다.

엔도르핀은 내게 **'아이들 호르몬'**이다. 좋아 죽고, 웃겨 죽는다. 아이들이 웃는 모습을 보면 나도 웃게 된다. 예부터 "한 번 성내면 한 번 늙고, 한 번 웃으면 한 번 젊어진다." 했다. 자주 웃으면 더 젊어질 수 있으니 아이들 호르몬이 맞다.

코로나19 바이러스는 전염되면 안 되지만, 웃음 바이러스는 전염돼도 좋다. 여러 사람이 웃고 떠들고 있으면 나도 모르게 웃을 준비를 하며 묻게 된다. "뭐야? 뭐야? 뭐가 재밌어?"

엔도르핀도, 아이들도 가만히 두면 통제 불능이 된다. 중독이란 본래 그런 것이다. 그래서 엔도르핀을 만들겠다고 집착하기보다는 삶의 곳곳에서 피어나는 작은 엔도르핀들을 모아 즐겼으면 좋겠다.

나는 약국에서 어떻게든 웃기고 싶다. 어느 날 내담자가 묻는다.

"혹시 죄송하지만, 여기에 OOO가 있을까요?"

웃길 기회가 왔다. 나의 대답은 늘 같다.

"혹시 있나 물어보신 OOO, 역시 있습니다."

순간 멈칫했다가 긴장이 풀리며 웃음이 터진다. 그 웃음을 보는 순간이 너무나 즐겁다.

무표정한 얼굴을 하고 있으면 단골들이 묻는다.

"약사님, 무슨 일 있어요?"

그럴 때 나는 웃으며 대답한다.

"전혀 없어요, 얼른 웃겠습니다."

나는 웃을 때도, 웃음을 볼 때도 기분이 좋다.

오원식의 도즈업 루틴

    인간을 포함한 동물의 두뇌는 변연계에서 만들어진 감정을 전전두엽의 기억장치에 저장한다. 쉽게 말하면 기분 좋은 경험은 뇌가 더 선명하게 기억한다는 뜻이다. 예를 들어, 여행에서 행복한 경험을 한 사람은 다시 같은 지역을 찾았을 때 그 추억이 남아 있어 같은 장소를 쉽게 기억한다.

    하지만 인간은 다른 동물과 달리 전전두엽의 통찰력으로 스스로 행복호르몬을 만들어 낼 수 있다. 즉, 방법만 알면 원하는 감정을 직접 만들어 낼 수 있다는 말이다. 물론 방법을 안다고 늘 순탄하지는 않다. 때로는 본능과 반대되는 행동을 해야 하기 때문이다.

    대표적인 예가 콜드 샤워다. 한겨울에 찬물로 샤워할 때 느끼는 고통을 즐기는 사람은 흔치 않다. 그러나 이 고통 뒤에는 보상처럼 도파민이 분비된다. 콜드 샤워는 중독 약물처럼 무분별한 쾌락보다 훨씬 안전하고, 의욕을 오랜 시간 지속시키는 도파민 분비법이다. 의욕 넘치는 삶을 원한다면 시도해 볼만하다.

여러 행복호르몬을 비교적 자유롭게 만들 방법을 배우고 잘 활용하면 행복이 쉬워진다. 행복한 감정은 노력이라는 엔진의 에너지로 사용된다. 이 사용법을 습관화하면 흐르는 물줄기로 물레방아를 돌리듯 끊임없이 행복을 만들어 쓸 수 있다.

나의 도즈업 루틴은 다음과 같다.

♣ 출근 전 루틴

아이들을 다정하게 깨우며 아침을 차린다.
→ 세로토닌, 옥시토신 충전

아침 일찍 밝은 곳에서 30분 이상 활동한다.
→ 세로토닌 충전

즐거운 음악과 함께 달리기를 60초부터 시작하여 매번 5초씩 더 달리고 있다. 지금은 3,000초를 넘겼다.
→ 엔도르핀, 세로토닌 충전

콜드 샤워를 즐긴다. 1,000일 넘게 이어온 습관이다.
→ 도파민 충전

온 가족이 포옹하며 하루를 응원한다.
→ 옥시토신, 세로토닌 충전

나는 아이들의 아침밥 담당이다. 몇 년 전까지만 해도 집안일에 소질도, 관심도 없다는 핑계로 천사님이 모든 집안일을 전담했다. 그러던 어느 날, 출근 준비와 아이들 아침을 동시에 챙기는 천사님을 보고 미안한 마음이 들어 선언했다.

"이제부터 아이들 아침은 내가 준비할게요."

음식 만들기를 좋아하니 힘들어도 할 수 있겠다고 생각했는데, 웬걸 아침 준비는 내게 힘든 일이 아니라 행복한 일이 되었다. 아이들에게 먹고 싶은 메뉴를 묻고 대화 나누며, 내가 고른 재료로 식단을 꾸리는 재미가 쏠쏠했다. 천사님이 여유롭게 출근 준비하는 모습을 보면서 미안한 마음은 줄고, 기분은 더 좋아졌다. 아침 차리기는 내게 세로토닌과 옥시토신을 충전시킨다. 이제는 아침을 차리지 않으면 오히려 아쉬운 기분이다.

아침은 햇빛으로 시작한다. 아침 일찍 일어나면 반드시 창문을 열어 햇살을 받거나 불을 환하게 켠다. 수험생처럼 아침에 일어나기 힘든 아이들에게는 큰 소리 대신 밝은 빛이 더 효과적이다. 인간의 뇌는 태양광 시계처럼 햇빛을 받을 때 효율적으로 작동한다. 아이들을 큰 소리로 깨우면 스트레스 호르몬이 나오지만, 빛으로 깨우면 세로토닌이 증가해 자존감과 안정감이 높아진다. 청소년기는 세로토닌 분비량이 줄어드는 시기이니 사춘기 아이가 있는 집이라면 반드시 실천할 것을 권한다.

즐거운 음악과 운동은 일거양득을 넘어 사득이다. 아침에 음악을 틀고 산책을 나서면 도파민, 세로토닌, 엔도르핀이 분비된다. 가족과 함께라면 옥시토신까지 더해지니 완벽한 조합이다. 꼭 달리지 않아도 걷는 것만으로 충분하다.

나는 달리기가 싫어 건강을 위해 콜드 샤워를 선택할 정도였다. 1,000일이 넘는 동안 꾸준히 이어오니 도파민 생성은 물론 건강에도 도움이 됐다. 새로운 습관을 더하면 좋겠다는 생각에 싫어하던 달리기를 내 방식대로 시작했다. 처음에는 60초도 힘들었지만 좋아하는 음악과 함께 '딱 5초만 더 달리자'는 마음으로 달리다 보니 어느새 엔도르핀과 세로토닌 루틴으로 자리 잡았다. 이때 중요한 것은 '남과 비교하지 않고 어제의 나와 비교하는 것'이다.

콜드 샤워는 내 인생의 큰 변화를 만들었다. 여름이 아니면 언제나 춥고 겨울에는 고통스러울 정도지만 그 고통이 도파민을 부른다는 사실을 알기에 더 즐겁다. 샤워 밸브만 돌리면 되는 가장 간편한 행복호르몬 충전법, 그것도 도파민을 건강하게 불러오는 방법이다. 내 삶에서 가장 잘한 선택 두 가지를 꼽으라면 첫 번째는 금연, 두 번째는 콜드 샤워다.

아침을 여는 마지막 루틴은 포옹이다. 출근길에 온 가족이 함께 포옹하며 하루를 응원한다. 3대가 함께 사는 집을 꿈꿔 온 나에게 옥시토신은 특별하다. 부모님을 꼭 안고 말한다.

"건강하셔서 감사합니다. 오늘 하루도 행복합시다."

차를 타기 전 잠시 아이들을 안고 행복충전의 시간을 갖는다. 아이들이 얼마나 소중한지, 그리고 얼마나 잘 자라고 있는지 칭찬하는 것도 중요하다. 오사랑, 오건 화이팅!

이렇게 아침부터 행복호르몬을 충전하면 마음이 한결 여유롭다. 출근길 운전 중 콧노래가 나오고, 하늘도 자주 올려다보게 된다. 특히 루틴을 모두 지켜낸 날의 성취감은 하늘을 찌를 듯하다. 물론 매일 완벽할 수는 없다. 그래도 괜찮다. 출근 후에도 행복호르몬을 충전할 방법은 얼마든지 있으니까.

♣ 출근 후 루틴

편안한 음악과 함께 커피 한 잔의 여유 즐기기
→ 도파민, 옥시토신, 세로토닌, 엔도르핀 충전

동료들과 하이파이브하고 안부 나누기
→ 옥시토신, 엔도르핀 충전

하루의 쉼표, 점심 메뉴 정하기
→ 도파민 충전

약국을 찾아오는 분과 공감하고 웃기기
→ 옥시토신, 엔도르핀 충전

하고 싶은 일에 몰입하기
→ 세로토닌, 도파민 충전

아침에 출근하면 제일 먼저 기분 좋게 커피를 내린다. 우리 약국에는 무인카페용 커피머신이 있다. 약 냄새보다 커피 향이 가득하기를 바라는 마음, 그리고 수익 창출이라는 두 마리 토끼를 잡기 위해 거금을 투자했다. 결과적으로는 흥행에 실패했지만, 덕분에 매일 아침 풍미 깊은 원두커피를 즉석에서 내려 마실 수 있다. 웰컴드링크나 복지증진용으로도 흡족하다.

커피가 준비되면 음악을 튼다. 그날의 기분에 따라 호텔 라운지 음악을 고르기도 하고 흥겨운 노래를 틀기도 한다. 음악이 흐르면 약국 분위기도 달라진다. 오늘은 호텔 라운지에서 커피 한잔 즐겨 볼까?

그리고 동료들과 하이파이브를 하고 오늘의 안부를 묻는다. 타율은 낮지만 그래도 꾸준히 아재 개그를 날린다. 작은 웃음이 분위기를 바꾸는 힘을 잘 알기 때문이다.

업무의 시작을 알리는 가장 중요한 회의가 열린다. '점심 메뉴 정하기'다. 투표를 해서라도 반드시 그날 가장 먹고 싶은 점심을 고른다. 직장에서 내가 정말 원해서 하고 싶은 일이 몇 가지나 있겠는가? 그래서 먹고 싶은 음식이라도 꼭 찾아서 먹는 게 중요하다.

점심 메뉴를 미리 정해 두면 장점이 두 가지다. 첫째, 점심시간에 뭘 먹을지 고민하지 않아도 된다. 둘째, 먹고 싶은 점심을 떠올리며 일할 수 있어 하루가 한결 즐겁다. 한 시간 전부터는 설레기까지 한다. 점심 메뉴를 정한 뒤에는 각자 맡은 일을 알아서 시작한다.

약국에서 나의 역할은 응원단장이다. 약사로서 약에 대한 지식으로 도움을 드리는 일에 충실하지만, 약국을 찾는 분들의 기분을 챙기고 마음을 위로하며 칭찬하는 일 또한 중요하다. 그래서 나는 응원에 힘을 쏟는다.

사람이 오가는 모든 사업장이 그렇듯 약국도 가끔은 적막할 때가 있다. 나는 이 시간을 오히려 기회로 본다. 손님과 더 오래 이야기를 나눌 수 있는 시간, 매출 대신 '감동'과 '웃음'을 실적으로 삼을 수 있는 시간이다.

사는 게 따분해 보이는 분에게는 손발이 오그라드는 농담을 던지며 행복해지기를 바라는 진심을 건네고, 하소연할 곳이 필요한 분에게는 넉넉하게 시간을 선물한다. 그렇게 가끔은 웃기고, 가끔은 티슈를 건네며, 내게 주어진 시간에 행복의 추억을 새긴다.

우리 약국은 일과 삶의 조화를 중시하는 적당히 한가한 약국이다. 그래서 한가한 시간을 잘 보내기 위해 '하고 싶은 일'을 꼭 준비한다. 글을 쓰는 지금도 약국이 한가하다. 하고 싶은 일에 몰입하다 보면 어느새 점심시간이 되고, 퇴근 시간이 다가온다.

도즈업 루틴의 핵심은 아침에 행복 에너지를 최대로 끌어올리는 것이다. 행복한 상태에서 하루를 시작하면 우리는 가장 활기차고 창의적인 삶을 살 수 있다. 행복 에너지가 올라갈 때 노력할 힘이 생기고, 그 에너지로 내 삶을 위해 열심히 노력할 수 있다.

행복한 사람과 불행한 사람의 하루는 다르다. 무기력하고 자존감이 떨어진 채 외롭고 우울한 사람이 보내는 하루와, 행복 에너지로 충전된 사람이 보내는 하루를 굳이 비교하지 않아도 결과는 뻔하다.

도즈업 루틴의 또 다른 이름은 '선행학습(先幸學習)'이다. 대한민국 아이들을 괴롭히는 '선행학습(先行學習)'이 아니라, 먼저 행복해지는 공부다.

사람들은 행복해지려고 노력하고 노력 끝에 성공이 온다고 믿지만 꼭 그렇지도 않다. 오히려 행복할 때 비로소 진심으로 노력할 수 있고 성공에 더 가까워진다. 성공한 사람이 행복할 확률보다, 행복한 사람이 성공할 확률이 훨씬 높다. 행복하지 않은데도 성공하려고 몸부림친 사람들은 설령 성공해도 불행에 빠지기 쉽다.

나는 이제 성공하지 못할까 봐 두려워하지 않는다. 행복한 삶을 선택한 순간, 실패에 대한 불안은 내 앞에서 힘을 잃었다. 결국 내가 원하는 것은 성공이 아니라, 행복을 온전히 쓰는 삶이다.

번영약국의 이전 슬로건은 '행복한 출근, 즐거운 퇴근'이었다. 이 슬로건도 맘에 들지만 더 좋은 슬로건이 생겼다.

"행복하려고 노력하는 것이 아니라, 행복하니까 노력하는 것이다."

약국 구성원 모두가 동의했고 우리는 지금도 슬로건대로 일한다. 아침부터 행복하면 그날은 자연스레 멋진 날이 된다. 하루의 멋진 날들이 모여 한 달이 되고, 1년이 된다.

행복하니까 노력했으면 하는 마음에 성과급과 별도로 존재급을 지급하기 시작했다. 그리고 2026년 여름휴가를 약국 식구들과 약국 식구의 식구까지 10명이 해외여행을 함께 가기로 선언했다. 결국 돈을 모았고 가게 될 것이다. 미라이공업의 고(故) 야마다 아키오 사장의 사례를 보고 감탄한 뒤, 나도 언젠가 해보자고 마음먹은 지 10년 만에 이루는 일이다.

앞서 말했듯 원하는 일을 찾고, 실천하고, 깨닫고, 깊이 생각하면 원하는 만큼 할 수 있다. 그래서 우리는 일을 우선에 두지 않고 사람의 행복을 먼저 두는 환경으로 바꾸고 있다.

동료들의 바람을 묻고, 함께 행복한 일터가 되도록 지지한다. 파트너 약사님은 '행복한 사람으로 누려야 할 일들'에 집중하도록 함께 노력하고 있다. 약국 매니저님은 글을 쓰는 재능과 열정을 살려, 근무시간 중 일정 시간을 창작에 쓰도록 했다. 매니저님은 일과 창작을 병행하며 최선을 다하고 있다.

모두가 행복한 일터는 행복 에너지로 노력이라는 삶의 엔진을 돌리게 된다. 이상을 좇는다고 경제적 여건을 무시하자는 게 아니다. 꾸준히 발전하기 위해 가장 필요한 것이 무엇인지 고민한 끝에 내린 결정이다.

전 약국은 코로나19를 이기지 못해 문을 닫았다.

'약국이 망하다니!'

당황스러웠고 타격은 컸으나 한편으로는 속이 시원했다. 사실 그 약국은 내가 원해서 시작한 일터가 아니라 해야 하니까 열었던 약국이었다. 싫어도 노력하면 되겠지 싶었는데 실패한 것이다. 그렇게 노력으로 안 되는 일을 경험한 뒤 깨달음을 얻었다.

'내가 원하는 일터를 만들 때 에너지 넘치는 사람이 되는구나.'

다시 일어나 새 약국을 열었다. 이번에는 다짐했다.

'또 망할 수도 있겠지? 그렇다면 이번에는 아예 하고 싶은 것을 다 해 보자. 일주일 이상 행복하지 않으면 그만둘 정도로 행복한 일터를 만들어 보는 거야.'

그 결심 덕에 지금 원하는 길을 걷고 있다. 다행히 번영약국은 순항 중이다.

행복 에너지는 순환한다. 행복한 일터에서 얻은 에너지는 행복실천 강사로서 노력할 힘이 되고, 강의에서 얻은 에너지는 다시 약국을 발전시키는 힘이 된다. 노력은 에너지가 아니라 엔진이다. 에너지가 없는 엔진을 무리하게 돌리면 고장 난다. 그것이 우리가 아는 번아웃이다. 그러니 우리에게 필요한 것은 행복 에너지의 선순환이다.

"노력해서 행복해지는 것이 아니라 행복해서 노력하는 것이다."

"행복하려고 노력하는 것이 아니라, 행복하니까 노력하는 것이다."

어느 쪽으로 기억해도 된다. 핵심은 같다. 행복 에너지로 열심히 노력하다가 에너지가 떨어지면 언제 어디서든 도즈업 루틴으로 다시 충전하면 된다.

사실 어디에서나 일은 비슷하다. 그러나 피곤하니 커피를 마시고, 일을 해야 하니 밥을 먹고, 마지못해 인사를 나눈다면 일상은 또 다른 의무가 된다. 매일 먹는 점심이니 아무거나 먹고 후회하며 불쾌하게 일하고 싶은 사람은 없다. 그런데도 이 과정을 반복한다. 에너지가 없기 때문이다. 도즈업 루틴을 쓰게 되면 바뀔 수 있다. 행복을 먼저 잘 써서 에너지를 충전하면 산더미 같은 일도 이겨 낼 힘이 생기니 출근하자마자 퇴근하고 싶어지는 '집에 가고 싶다 증후군(Home sickness syndrome)'에 빠지는 일이 없다.

삶도 마찬가지다. 아이를 키우는 일은 공은 많이 들어가도 도통 티가 나지 않는다. 가사와 양육에 누가 보상을 해 주지도 않고, 평가받을 일도 없다. 하지만 보상은 이미 가족 안에 있다. 가족에게서만 얻을 수 있는 행복을 보지 못하고 다른 보상만 찾으니 힘들 수밖에 없다. 해야 할 일 사이사이에 내가 행복해지는 루틴으로 행복 에너지를 채울 때, 나를 괴롭히는 일터는 나를 살게 하는 삶터가 된다.

내가 살고 싶은 인생은 숙제가 아니라 축제다.

행복호르몬 이상의 감동호르몬
다이돌핀

격한 감동의 순간들을 떠올려 보자. 오늘은 동료 약사님이 아빠가 된 날이다. 아침에 출근하며 나도 처음 아빠가 되었던 15년 전을 떠올렸다. 결혼, 임신, 출산은 자연스러운 과정이지만 자연은 자비심이 없다. 자연은 오로지 내게 순응을 명령한다. 아빠가 될 무렵 꿈에서 신이 내게 말했다.

"앞으로 이 아이의 삶은 너의 책임이다."

첫 아이가 태어난 날 간호사가 말했다.

"아이 손가락이 열 개, 발가락이 열 개, 정상입니다."

당연할 수도 있지만 감사하며 펑펑 울었고, 힘겹게 출산을 마친 천사님의 얼굴을 보고 또 울었다. '감동에 벅차다.'라는 말이 무엇인지 알게 됐다. 결혼이 천국으로 가는 계단이라면 출산은 천국을 여는 문이었다.

감동도 잠시, 아빠가 되고 나니 온 세상이 갑자기 달라졌다.

이전의 삶이 흑백이라면 아빠가 되고 나서 보게 된 세상은 총천연색으로 바뀌었다. 나는 아이의 우주가 되었고, 내 아이의 우주를 지켜야 하는 슈퍼맨이 되었다. 내 능력은 보잘것없고, 자연은 나에게 자비심이 없는데 나는 어찌 이 우주를 지켜 낼 수 있단 말인가? 기껏해야 코뚜레를 꿴 일소나 될까 했는데 내게 대체 어떤 힘이 있는지 찾아야 할 판이었다. 하지만 이런 세상을 헤쳐 나갈 힘을 다이돌핀에서 얻었다.

♣ 다이돌핀의 효능

어떤 이들은 극적인 감동의 순간 뇌에서 솟구치는 힘을 '다이돌핀'이라 부르기도 한다. 과학적으로 입증된 개념은 아니지만, 이를 비유적으로 표현하자면 엔도르핀보다 훨씬 강력한 힘을 가진 '슈퍼 감동 에너지'라 할 수 있다.

물가를 건너는 새끼 가젤을 덮치는 악어 앞에 어미 가젤이 몸을 던지는 영상이 있다. 새끼는 살지만 어미는 목숨을 잃는다. 나는 이 영상을 볼 때마다 눈물이 난다. 부모로서의 동병상련 때문일까, 홀로 남겨질 새끼에 대한 연민일까? 그 순간 어미 가젤을 움직이는 힘, 죽음을 무릅쓰게 하는 강렬한 감정의 폭발을 나는 '다이돌핀'이라 부르고 싶다.

이런 감정은 왜 있을까? 자연이 인간에게 무자비한 것이 미안해서 남겨 준 선물일까, 아니면 순응하라고 던져 준 미끼일까? 하지만 본래 의도는 중요치 않다. 인간으로 살아가며 다이돌핀 같은 힘을 스스로 꺼내 쓸 수 있다면 그것만으로도 충분하다.

♣ 다이돌핀 사용법

다이돌핀은 흔히 감동의 호르몬이라 불린다. 하지만 세상에 감동할 일이 얼마나 자주 있겠는가. 원하는 대학에 합격했을 때, 원하는 직장에 취직했을 때, 원하는 사람과 결혼했을 때, 원하는 일을 이루었을 때 같은 특별한 순간을 자주 경험하려고 삶을 재촉할 필요는 없다. 나 역시 워커홀릭이던 시절이 있었다. 그때의 나에게 말해 주고 싶다.
"굳이 무리하지 않아도 다이돌핀을 느낄 방법은 많으니 애쓰지 않는 삶이 이렇게 좋다는 걸 꼭 알았으면 해."

♣ 다이돌핀을 만드는 방법

심금을 울리는 노래, 눈부신 풍경, 좋아하는 공부를 하다 새로운 진리를 깨달을 때, 이 모두가 감동의 순간이다. 나는 행복실천습관을 연구하고 실천하며 깨달음을 얻을 때 감동을 얻는다. 공부의 고된 시간을 잊게 만드는 힘이 바로 다이돌핀이다.

목숨을 바치고 싶을 만큼 강렬한 사랑이나 평생 처음 맞는 격정적인 감동의 순간에만 다이돌핀이 나온다면 그 기회는 너무나 한정적이다. 하지만 행복돋보기를 쓰면 다르다. 내 주변의 작은 행복을 크게 누릴 수 있다면 우리의 삶은 감동으로 채워진다. 꽃을 바라보며 감동하는 어르신이나 물방울 속의 세상에 감동을 느낀 김혜남 작가는 모두 행복돋보기를 통해 세상을 바라보는 것이다. 행복이 커야 하는 것이 아니다. 행복을 크게 누리는 것이 중요하다. 앞에서 행복돋보기의 다른 이름을 감사하기라 말했다. 하나 더 말했다. 행복돋보기는 '삶의 지혜'다. 지혜로운 사람은 감사할 줄 알기에 다이돌핀을 마음껏 쓸 수 있다.

♣ 다이돌핀의 지혜

우리 곁에는 유독 감동을 자주 경험하는 이들이 있다. 바로 할아버지, 할머니다. 왜일까? 아마도 다이돌핀을 자유자재로 만들어 내는 방법을 터득하신 게 아닐까? 우리 집 할아버지, 할머니는 이렇게 말씀하신다.

"매일이 생일이고, 파티며, 삶이 곧 천국이다."

일은 프로, 삶은 아마추어

우리는 대부분 일로 삶을 꾸려 나간다. 일하는 사람에게 '프로정신'은 그 무엇보다 중요한 가치다. 일은 행위의 대가를 수반하고, 대가에 맞는 가치를 증명해야 한다는 뜻이기도 하다. 그리고 누구보다 잘해야만 인정을 받고 살아남는 데 유리하다는 의미로도 읽힌다. 하지만 일하는 많은 사람들이 이 프로정신 때문에 힘들 때도 있다.

직업을 나타내는 영어 단어는 job, work, occupation부터 천직을 뜻하는 calling, vocation까지 다양하다. 이 중 professional이라는 단어는 profession이 '공개적으로 헌신을 선언하다(profess)'에서 왔기 때문에 탁월함과 책임을 의미한다. 결국, "이런 능력을 갖고 사는 사람입니다."라고 말하려면 그에 걸맞은 자격과 결과가 있어야 하며, 그래서 모든 것을 쏟아붓고 남보다 나아야 한다.

요즘은 삶도 직업이 되는 시대다. SNS에는 갓생을 사는 사람이 넘쳐나고 누구 하나 부럽지 않은 사람이 없다. 그리고 '내가 이렇게 잘 살고 있다.'라고 천명하는 사람이 많은 세상이다. 하지만 우리는 근본적으로 삶에 있어 아마추어(amateur)일 뿐이다. 라틴어 amator에서 유래된 이 단어는 보통 professional의 반대로 쓰인다. 서툴고 익숙하지 않은 일을 하는 사람을 평가할 때도 잘 쓰이는 이 단어의 뜻은 놀랍게도 '사랑하는 사람'이다.

  일도 삶도 완벽하기를 꿈꾸는 것은 불행한 일이다. 인간은 존재 자체가 완벽하지 않기 때문이다. 삶은 더욱 그렇다. 게임과 달리 공략집이 있는 것도 아니고 개개인의 삶은 모두 각자의 것일 뿐 다른 사람과 비교할 일이 아니기에 완벽이라는 기준을 세운다는 자체가 말이 안 된다. 기준은 남과 비교하기 위함이 아닌가? 누구나 태어나서 한 번 밖에 살 수 없고 언제 시작될지도 언제 끝날지도 모르는 개개인의 여정을 누가 완벽히 이해하고 프로페셔널하게 살 수 있다는 말인가? 그러니 인생은 아마추어로 살 수밖에 없다. 내가 남들에게 잘하겠다 천명할 이유도, 내 삶이 남들보다 탁월하다 평가받을 일도 없지만 행여 그런 평가를 받는다 해도 누군가로부터 대가를 받을 일도 없다. 단지 내 삶은 오직 내게만 부여된 선물이니 내 마음대로 잘 쓰면서 내 삶을 사랑하기만 하면 된다. 아마추어라 좋은 점은 이뿐만이 아니다. 살다 보면 수많은 실패와 좌절을 경험한다. 그런데 아마추어기 때문에 그럴 수 있고 그래도 된다. 실패나 좌절에 대한 두려움이 아니라 그래도 되기에 다시 도전하고 내가 원하는 행복을 찾아가기만 하면 된다.

결국, 그 누구도 아닌 자신만의 결승점에 1등으로 도착해 우승을 만끽하면 된다.

"잘 뛰었다, 내 다리야. 잘 견뎠다, 내 심장아."

그렇게 삶을 사랑하는 사람으로서 행복을 편하게 즐기면 된다.

나는 인생의 아마추어다. 실패해도, 언제든 다시 이겨 낼 힘을 품고 **'두 손을 펴고 마음껏 사는'** 오원식이다.